票据研究

PIAOJU YANJIU

（2023年第4辑 总第87辑）

中国现代金融学会票据专业委员会
中国工商银行票据营业部
中国银行业协会票据专业委员会

中国金融出版社

责任编辑：王慧荣
责任校对：李俊英
责任印制：丁淮宾

图书在版编目（CIP）数据

票据研究. 2023年. 第4辑：总第87辑／中国现代金融学会票据
专业委员会，中国工商银行票据营业部，中国银行业协会票据专
业委员会编. —北京：中国金融出版社，2023.12

　　ISBN 978-7-5220-2086-0

　　Ⅰ.①票… Ⅱ.①中… ②中… ③中… Ⅲ.①票据市场—中
国—文集 Ⅳ.①F832.5-53

中国国家版本馆CIP数据核字（2023）第129198号

票据研究. 2023年第4辑　总第87辑
PIAOJU YANJIU. 2023 NIAN DI-4 JI ZONG DI-87 JI

出版
发行　**中国金融出版社**

社址　北京市丰台区益泽路2号
市场开发部　（010）66024766，63805472，63439533（传真）
网上书店　www.cfph.cn
　　　　　　（010）66024766，63372837（传真）
读者服务部　（010）66070833，62568380
邮编　100071
经销　新华书店
印刷　河北松源印刷有限公司
尺寸　175毫米×250毫米
印张　7.25
字数　126千
版次　2023年12月第1版
印次　2023年12月第1次印刷
定价　25.00元
ISBN 978-7-5220-2086-0
如出现印装错误本社负责调换　联系电话（010）63263947

票据研究
PIAOJU YANJIU

目 录
Contents

2023 第4辑 总第87辑
前瞻·专业·时效·权威

充分发挥票据功能作用，
助力服务中国式现代化的研究

■肖小和　余显财　金睿　柯睿[1]

摘　要: 中国式现代化票据市场既有国际票据特征，又有中国特色，《商业汇票承兑、贴现与再贴现管理办法》（以下简称票据新规）的出台更让票据进一步回归服务实体经济的本源，在普惠融资、支持民营中小微企业、科创制造企业、经济绿色转型等方面将发挥更大的功能作用。通过考虑理论增值税总量以及细分批发零售业和制造业理论可开具的最大承兑汇票量，并将其与实际市场进行比较，让票据服务于经济，更好地服务于实体行业发展，尤其是在国家近年来强调提振内需的情况下，我国票据市场规模仍有巨大提升空间。因此，积极发展票据业务，助力服务中国式现代化具有重要意义。

关键词: 中国式现代化；票据；功能；潜力

一、中国式现代化与票据

（一）中国式现代化的概念及特征

党的二十大报告中提出，中国式现代化是中国共产党领导的社会主义现代化。既

---

[1] 作者简介：肖小和、金睿，江西财经大学九银票据研究院；余显财、柯睿，复旦大学经济学院。

有各国现代化的共同特征，更有基于自己国情的中国特色。中国式现代化是人口规模巨大的现代化，是全体人民共同富裕的现代化，是物质文明和精神文明相协调的现代化，是人与自然和谐共生的现代化，是走和平发展道路的现代化。

"中国式现代化"将在未来很长一段历史时期，成为引领经济社会发展的重要原则。"共同富裕"将成为一条主线贯穿经济社会财政金融政策，收入分配体制改革深入推进，财富积累更加规范，一些不合理现象逐步得到纠正，贫富差距有望缩小到合理范围。"绿水青山就是金山银山"的理念将长期贯彻，对以新能源产业为代表的"环境友好型"技术创新会有极大的推动作用。对基础设施仍会持续投入，"基础设施适度超前"意味着尤其是与新一轮技术革命有关的"新基建"将会有政策倾斜帮扶。在突破技术"卡脖子"方面，"新型举国体制"如何构建，将成为一项重大的制度创新探索。中国的研发强度将持续上升，政府将扮演更加重要的角色。中国将探索构建具有中国特色、符合中国国情的市场经济体制，包括民营企业与国有企业的长期共生、政府与市场的独特关系、中长期规划等，最终实现"绝不能不克服市场的盲目性，也不能回到计划经济的老路上去"。中国将与发达国家形成相互学习、相互借鉴的格局。中国在借鉴发达国家经验的同时，也在不断进行基于中国国情和市场的创新。[2]

（二）票据概念特点与助力服务中国式现代化

"票据"一词，有广义和狭义之分。广义的票据，泛指一切有价证券和各种凭证，包括支票、本票、汇票、股票、债券、发票、提货单、保险单等。狭义的票据即一般意义上所称的票据，指出票人依《票据法》签发的，由自己或委托他人在见票时或在指定日期无条件支付确定金额给收款人或持票人的有价证券，包括支票、本票和汇票。本文研究的是商业汇票。

票据有如下几个特点。（1）票据是设权证券。票据权利本身并不存在，其产生是以票据的作成和存在为前提的。票据权利由出票行为所创设，没有票据就没有票据权利。（2）票据是完全有价证券。票据上的权利不能脱离票据而单独存在，票据权利的产生，须作成票据，即出票；票据权利的享有，须持有票据；票据权利的转移，须交付票据；票据权利的行使，须提示票据；票据权利的实现，须返还票据。票据与票据

---

[2] 刘胜军经济学大局观（刘胜军微财经）。

权利完全融合，是一种完全有价证券。（3）票据是文义证券。票据上的一切权利和义务，必须以票面上记载的文义为依据，不得以文义以外的任何事项和理由进行变更。（4）票据是要式证券。票据必须具备法定的要式，才能发挥效力。票据的作成必须依照《票据法》的规定，票据行为人必须在票据上签章，票据上记载的文义必须在《票据法》规定的范围内。（5）票据是货币证券。票据是在见票时或在指定日期无条件支付确定金额的有价证券。票据以支付一定的金额为目的，具有支付功能，以货币作为债权，在一定程度上可以替代货币使用。（6）票据是无因证券。票据设立后，具有独立的权利、义务关系，票据权利的发生、转移和行使与票据原因关系无关。（7）票据是流通证券。票据可以通过背书或交付的方式流通转让。与民法上一般的债权转让不同，票据权利的转让通过背书或直接交付即可，无须通过债务人，流程更加简单便捷。（8）票据是提示证券。票据权利人在主张票据权利、行使票据权利时必须向票据债务人提示票据，票据提示体现为提示承兑和提示付款。（9）票据是返还证券。票据权利人在受领给付时，需将票据交还给票据债务人，票据关系得以消灭。[3]

中国式现代化票据市场既有国际票据特征，又有中国特色，票据市场目前由《票据法》指导和上海票据交易所（以下简称票交所）管理，基础设施比较完善。票据新规的出台更让票据进一步回归服务实体经济的本源，在普惠融资，支持民营中小微企业、科创制造企业，经济绿色转型等方面将发挥更大的功能作用，为实现中国式现代化贡献一份力量。

二、票据业务助力服务中国式现代化潜力分析

（一）票据可以服务实体经济，助力中国式现代化

承兑汇票不仅具有支付结算功能，更有扩张信用、融通资金的作用。作为社会融资的一部分，承兑汇票历年来在服务中小微企业、繁荣国民经济方面作出了一定贡献。在签发商业汇票的实务操作中，需严格按照《票据法》和人民银行的相关规定，认真审核企业上下游的贸易背景，并把企业开具的相关增值税专用发票作为认定贸易背景真实性的重要参考依据之一。在监管政策平稳的年份，增值税税价总量与承兑汇

---

3 江西财经大学九银票据研究院. 票据学 [M]. 北京：中国金融出版社，2021.

票签发总量保持正相关关系，增值税的税价总量是可签发商业汇票总量的理论上限。当前推进企业发展生产需要充裕的信用支持，利用承兑汇票可以部分解决企业资金链紧张的问题。因此，测算企业一年内开具增值税发票的税价总额，对研究承兑汇票市场的发展以及如何利用增值税政策和票据服务中小微、民营企业，夯实实体经济，具有重要的参考意义。

批发零售业是社会化大生产过程中的重要环节，是决定经济运行速度、质量和效益的引导性力量，是我国市场化程度最高、竞争最为激烈的行业之一。承兑汇票长期以来作为批发零售业融资的重要手段之一，票据支持批发零售行业融资，符合国民经济消费向好的预期，符合目前疫情防控放开后中国经济复苏的现状，更符合批发零售业票据业务飞速发展的事实，有着极强的现实意义。

制造业在世界发达国家的国民经济中占有重要份额。同样，我国制造业不仅在国民经济发展中占有重要地位，也是经济结构转型的基础，中国从最初的农业大国到保障重工业优先发展，再到如今的制造业强国，制造业把握住了时代机遇，飞速发展，是我国经济结构转型的重要基础；同样，制造业也为就业市场提供了大量的就业机会。其中，承兑汇票是制造业融资的一个重要方式，长期以来，企业签发的银行承兑汇票承兑、贴现集中在制造业、批发零售业。票交所的数据显示，2022年批发零售业以及制造业票据签发背书量占比均超过了30%，位居各行业前二。可见，票据已经成为批发零售业与制造业重要融资手段，未来批发零售业与制造业的发展必然会带动相关票据业务的发展。

（二）以增值税为基础的批发零售业、制造业票据承兑总量测算

2016年"营改增"完成，扩大了增值税的适用范围，商业银行和监管机构普遍把销售方开具的增值税发票作为审核贸易背景真实性的主要依据之一，企业只要缴纳了增值税，理论上都有条件开具商业汇票，为大力发展承兑业务提供了良好的条件[4]。如图1和图2所示，2016年之前累计签发商业汇票占批发零售业商品销售总额的比重一直处于较为稳定的状态（约为42%），2014—2016年累计签发商业汇票占制造业营业收入的比重稳定约为23%，2016年"营改增"完成导致增值税增加和对金融业务中商业银

4 肖小和，余显财，金睿，等 . 我国增值税政策对承兑汇票发展的影响研究 [J]. 上海立信会计金融学院学报，2020（2）：12.

行在企业出票环节加强了对真实贸易背景的审查，无真实贸易背景的融资性票据被逐步挤出市场，致使2016年之后的承兑业务有一定下滑，商业汇票签发量占制造业营业收入的比重有所下滑，但2018年之后逐步恢复，2022年该比重上升至24%。随着未来居民消费生活水平的提高以及中国工业技术不断发展突破，批发零售业与制造业的发展必然会带动相关票据业务的发展，作为重要融资手段之一的票据市场也一定仍有很大发展空间。

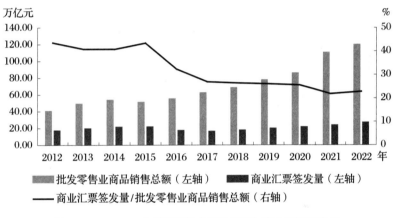

图1　2012—2022年批发零售业销售总额与商业汇票签发量

（资料来源：国家统计局，货币政策执行报告）

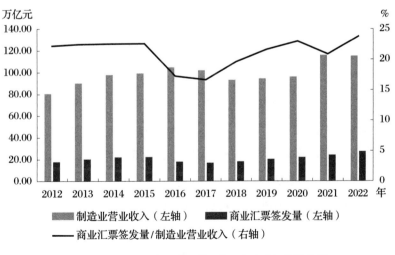

图2　2012—2022年制造业营业收入与商业汇票签发量

（资料来源：国家统计局，货币政策执行报告）

因此，考虑到理论增值税总量以及细分批发零售业和制造业理论可开具的最大承兑汇票量，并将其与实际市场进行比较，让票据服务于经济，更好地服务于实体行业发展。

承兑总量可能性分析如下：

（1）模型假设。

假定市场中存在 n 种产品，不含税价格为 P_i，数量为 Q_i（$i=1,2,\cdots,n$）。

第 i 种商品需要经过增值的次数为 K_i 次，其中第 j 次（$j=1,2,\cdots,K_i$）增值后的不含税价格为 P_{ij}，此时的中间品数量为 Q_{ij}，最终价格为 P_i，即 $P_i k_i = P_i$，$Q_i k_i = Q_i$。

假定第 i 种商品的第 j 次增值所需缴纳的增值税税率为 X_{ij}，则含税价格为 $P_{ij} \times （1+X_{ij}）$。

第 i 种商品的第 j 次增值银行可签发的汇票为 $P_{ij} \times Q_{ij} \times （1+X_{ij}）$。

理论上市场一共可以签发的商业汇票累计为 $\sum_{i=1}^{n}\sum_{i=1}^{K_i} P_{ij} \times Q_{ij} \times （1+X_{ij}）$。

在我国现行税率制度下，主要存在三档增值税税率，分别为6%、9%、13%，因此 X_{ij} 的取值分别为6%、9%、13%。但实际市场中的产品种类及对应的增值次数无法统计。因此，考虑根据企业实际缴纳增值税额进行计算，将企业分为以下几类，按照2019年新版增值税税率计算，由增值税计算公式可知：

增值税＝销项税额－进项税额 （1）

销项税额（或进项税额）＝含税销售收入÷（1＋税率）×税率＝销售额×税率 （2）

（2）具体测算。

根据三大产业增值特点进行分别测算。

第一产业主要指生产食材及其他一些生物材料的产业，2022年全年增加值为88345亿元，在国家GDP1210207亿元中仅占7.3%，多数为小规模纳税人，不具备银行为其开承兑汇票的能力，因此实际中不将第一产业纳入计算。第三产业主要为服务业，多数为一次性增值业务（金融业不可开具承兑汇票），由式（2）可以推出，为其可开出的理想模型下最大承兑汇票金额。

最大承兑汇票金额＝增加值×（1＋增值税税率） （3）

批发零售业：批发零售业面向最终消费者，用于消费，代表其总量的数据为社会消费品零售总额，剩余部分用于企业生产资料，本文假定不考虑存货等情况，周转周期为1年，因此此处的生产资料的部分为下一年度投入，也应当纳入计算。因此，在实际计算中应对用于生产的部分资料单独计算，2022年批发零售业销售额为1201793亿元，由此：

批发零售业可开票额为 $1201793 \times (1 + 13\%) = 1358027$（亿元） （4）

交通运输、仓储和邮政业增加值为 $49674 \times (1 + 9\%) = 54145$（亿元） （5）

住宿和餐饮业增加值为 $17855 \times (1 + 6\%) = 18927$（亿元） （6）

房地产业增加值为 $73821 \times (1 + 9\%) = 80465$（亿元） （7）

交通运输、仓储和邮政业，住宿与餐饮业，房地产业等第三产业投入多来自工业企业与市场批发零售，此部分在计算工业企业收入时已经计算（见下文），此处不能重复计算。而对于其增值后的销售额，由于服务面向最终消费者，无法开票，因此无法开具承兑汇票，教育、科技等第三产业也同样不纳入考虑。因此，计算时需要将在总和中减去用于最终消费者的部分，即社会消费品零售总额439733亿元，假定其增值税税率采用13%，则第三产业最终合计为

$1358027 + 54145 + 18927 + 80465 - 439733 \times (1 + 13\%) = 1014665$（亿元） （8）

值得注意的是，住房消费属于投资，不计入社会消费品零售总额。同时，房地产企业能否开具承兑汇票也尚未有定论，此处当做可开具承兑汇票计算。

第二产业大类主要分为工业和建筑业，对于工业企业，在2018年政策中将工业企业的小规模纳税人的年销售额标准由50万元和80万元上调至500万元，银行为其开具承兑汇票的企业营业额一般较高，多数为一般纳税人，适用2019年新发布的制造业增值税税率13%。下文所有数据将采用国家统计局中按行业分规模以上工业行业主要经济指标，将第一阶段的理论模型进行简化，假定企业增值过程共有 n 个阶段，每个阶段不含税销售产值为 $P_1, P_2, \cdots, P_n$。

因此每个阶段所需缴纳增值税为 $(P_{i+1} - P_i) \times 13\%$（$0 \leq i \leq n$）

各个阶段所需缴纳增值税总和

$$\sum_{i=0}^{n} (P_{i+1} - P_i) \times 13\% = (P_n - P_0) \times 13\%$$

第一阶段模型中假定 P_0 即初始价值量为0，则上式结果为 $P_n \times 13\%$。

上式含义是工业行业全年缴纳的增值税总额＝最终产业的全年产值×13%。

根据假定，此过程中银行可开具的承兑汇票理论最大值为（P_i 不包含增值税）

$$\sum_{i=1}^{n} P_i \times (1 + 13\%)$$

我们发现P_i可以通过营业收入衡量，此时P_i即企业全年的营业收入，对P_i求和即工业所有企业全年营业收入之和，根据2022年数据P_i为1333214亿元，假定增值税税率为13%，则以营业收入衡量的承兑汇票最大值为

$$1333214 \times (1+13\%) = 1506532（亿元）\tag{9}$$

同样，考虑建筑业采用建筑行业总收入进行测算，2022年建筑行业总收入为273130亿元，因此，银行可为其开具承兑汇票最大值为

$$273130 \times (1+9\%) = 297712（亿元）\tag{10}$$

将第三产业、工业以及建筑业加总计算得出2022年的理论承兑汇票最大值为

$$1014665 + 1506532 + 297712 = 2818909（亿元）\tag{11}$$

具体分行业而言，批发零售业参照上文计算可开具承兑汇票最大值为

$$1358027 - 439733 \times (1+13\%) = 861128（亿元）\tag{12}$$

此类方法误差较大，原因在于社会消费品零售总额包含了所有零售额，未排除具体无法用于开票的部分，因此计算结果严重偏低。

针对制造业而言，考虑到市场中所有的制造业企业，因此制造业所能开具承兑汇票之和即为所有制造业企业销项税额之和。P_i可以通过营业收入衡量，此时P_i即企业全年的营业收入，对P_i求和即制造业所有企业全年营业收入之和，将所有制造业企业细分产业如下（见表1），并分别进行计算。

表1　制造业各行业营业收入

指标	2022年（亿元）	增值税税率（%）	含税价格（亿元）
制造业营业收入总计	1151838		1299153
农副食品加工业规模以上工业企业营业收入	53628	9	58455
食品制造业规模以上工业企业营业收入	20282	13	22919
酒、饮料和精制茶制造业规模以上工业企业营业收入	14738	13	16654
烟草制品业规模以上工业企业营业收入	12801	13	14465
纺织业规模以上工业企业营业收入	23160	13	26170

指标	2022年（亿元）	增值税税率（%）	含税价格（亿元）
纺织服装、服饰业规模以上工业企业营业收入	12939	13	14621
皮革、毛皮、羽毛及其制品和制鞋业规模以上工业企业营业收入	8466	13	9566
木材加工和木、竹、藤、棕、草制品业规模以上工业企业营业收入	8781	13	9922
家具制造业规模以上工业企业营业收入	6824	13	7711
造纸和纸制品业规模以上工业企业营业收入	14165	13	16007
印刷和记录媒介复制业规模以上工业企业营业收入	6959	9	7586
文教、工美、体育和娱乐用品制造业规模以上工业企业营业收入	12686	13	14335
石油加工、炼焦和核燃料加工业规模以上工业企业营业收入	61941	13	69993
化学原料和化学制品制造业规模以上工业企业营业收入	91020	13	102853
医药制造业规模以上工业企业营业收入	26384	13	29814
化学纤维制造业规模以上工业企业营业收入	10308	13	11648
橡胶和塑料制品业规模以上工业企业营业收入	28189	13	31853
非金属矿物制品业规模以上工业企业营业收入	60933	13	68855
黑色金属冶炼和压延加工业规模以上工业企业营业收入	85261	13	96345
有色金属冶炼和压延加工业规模以上工业企业营业收入	73117	13	82623
金属制品业规模以上工业企业营业收入	46813	13	52899
通用设备制造业规模以上工业企业营业收入	46311	13	52331
专用设备制造业规模以上工业企业营业收入	36881	13	41675
汽车制造业规模以上工业企业营业收入	89753	13	101421
铁路、船舶、航空航天和其他运输设备规模以上工业企业营业收入	18766	13	21206

续表

指标	2022年（亿元）	增值税税率（%）	含税价格（亿元）
电气机械和器材制造业规模以上工业企业营业收入	100938	13	114060
计算机、通信和其他电子设备制造规模以上工业企业营业收入	154607	13	174705
仪器仪表制造业规模以上工业企业营业收入	10023	13	11326
其他制造业规模以上工业企业营业收入	2828	13	3196
废弃资源综合利用业规模以上工业企业营业收入	10451	13	11810
金属制品、机械和设备修理业规模以上工业企业营业收入	1883	13	2128

注：按照国家统计局行业分类标准分类。

根据2022年的制造业企业营业收入数据计算得出的理论承兑汇票量约为130万亿元。此测算方法存在误差，原因主要为制造业企业计算的是按行业分规模以上工业行业的经济指标，部分小型企业未纳入计算，可能造成结果偏低，且忽略了制造业企业中有些面向最终消费者无法开票的部分，导致结果偏高。

综合来看，经过测算，预计2022年全国理论可开具承兑汇票最大值为282万亿元，批发零售业和制造业可开票额分别为86万亿元和130万亿元，以同样方式测算则2019年对应总量、批发零售业、制造业可开票额分别为202万亿元、42万亿元、106万亿元，2020年分别为217万亿元、53万亿元、108万亿元，2021年分别为269万亿元、54万亿元、131万亿元。

分析2022年数据，2022年全国承兑汇票开具总量为27.4万亿元，占比理论最大值仅为9.7%，而批发零售业和制造业2022年实际开票额分别为9.8万亿元和8.8万亿元，占比理论最大值分别为10%和7%，仍有较大提升空间。此外，从趋势来看，2019—2022年全行业实际开票额占比理论可开票额分别为10.1%、10.2%、9.0%和9.7%，2019—2022年批发零售业占比分别为16.6%、14.6%、11.0%和11.4%，2019—2022年制造业占比分别为6.2%、6.2%、5.9%和6.7%，整体票据市场发展仍有待持续复苏，尤其在国家近年来强调提振内需的情况下，批发零售业开票额仍有巨大提升空间（见图3）。

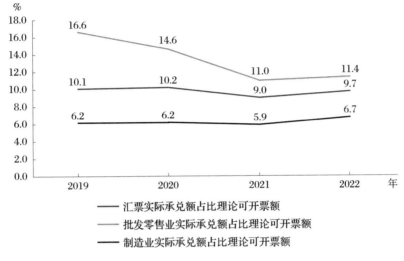

图3　2019—2022年实际开票额占比理论可开票额

三、充分发挥票据功能作用，助力服务中国式现代化的研究

基于以上分析可以看出，票据无论是从总量还是从制造业、批发零售业来看，发展潜力都是很大的。因此，积极发展票据业务，助力服务中国式现代化具有重要意义。

（一）加快修订《票据法》，适应票据新规变化，助力服务中国式现代化发展

1.修订《票据法》，让《票据法》更好地契合票据实践需要

对于贸易背景的认定，建议将《票据法》第十条"票据的签发、取得和转让具有真实的交易关系和债权债务关系"中的"和"改为"或"，从贸易背景和债权债务两个维度推动业务发展，促进票据流通、协调业务监管。

对于票据追索权问题，建议部分保留追索权，仅保留对票据承兑人、保证人、收款人和贴现人等关键节点的追索权。从业务的角度看，票据承兑人应承担第一性的付款责任；票据收款人作为承兑人的贸易伙伴应了解承兑人经营状况；票据贴现人是基于对承兑人的授信（部分商业银行基于对收款人的授信）办理票据贴现业务，对其生产经营、支付信用有较为全面、深入的了解。票据贴现前，中间手的背书人并未与承

兑人发生直接贸易往来，且背书行为并非保证行为，对中间手的追索不合理；票据贴现后，票据在金融机构间的转让属于金融市场行为，应由贴现行承担信用风险，这点已在业内得到广泛共识，并付诸实践，目前风险资本计提重复不利于降低票据市场融资成本。从票据流动性角度看，如果能实现对关键节点的追索，将提升票据流动性，有利于商票及小型银行承兑银票以及票据市场整体繁荣发展。

对于票据拆分问题，可等分化票据。这有利于中小企业日常经营与结算，以及充分发挥票据支付结算属性。但在司法层面仍存在一些问题，例如票据拆分后，每个被拆分的票据是否不受其他被拆分票据的影响等。建议修订《票据法》时充分考虑相关情况，一是明确票据可拆分；二是明确拆分后的票据是一个独立的个体，其流转、贴现、兑付等不受拆分后其他被拆分票据影响；三是明确票据拆分前如果涉及违反相关法律法规，拆分后的票据同样应承担责任。

对于电子票据，建议将电子票据、数字票据纳入《票据法》，一是明确电子票据、数字票据的法律地位，调整相关表述，适应数字经济需求；二是明确电子票据、数字票据线上追索的有效性，要求电子票据必须通过线上追索，禁止电子票据开展线下追索。

明确票据大概念及狭小概念，大概念可包含类票据产品，类票据产品必须遵循《票据法》要求。建议设立票据市场主导部门并牵头设立市场创新机制，一是避免部分创新产品出现无法可依的窘境；二是市场票据创新产品需经过有关部门审批，避免监管套利。

2.适应票据新规变化，跟上中国式现代化步伐

中国式现代化要求金融回归服务实体经济的本源。票据新规将票据期限缩短至最长6个月，对于商业银行而言，这可能意味着利润空间的压缩，并对从业人员二级市场研判能力提出了更高的要求。但是从企业端来看，票据期限缩短后，票据的支付功能与资金属性、交易属性得到凸显，票据支付性、流动性进一步被强化，更加符合企业日常资金周转需求，票据的接受度也将进一步得到提升，这对于缩短企业账期、加速资金周转具有重要意义。期限的缩短将有利于进一步发挥票据支付功能，对于减轻企业占款压力、降低中小企业融资成本是个利好消息，并且能在一定程度上抑制票据投机行为的发生。

票据新规扩大了市场参与主体范围，进一步放开持票主体和贴现主体范围至自然

人，为个体工商户和农村承包经营户进入票据市场拓宽了渠道。国家市场监督管理总局数据显示，截至2022年，全国登记在册市场主体有1.69亿户，其中个体工商户等超过1亿户。参与主体范围的放开有利于进一步扩大票据市场服务实体经济的深度和广度，将便利微型企业用票与融资需求，为基层实现中国式现代化提供了良好的金融工具。

票据新规规范了最高承兑余额和保证金余额比例上限。出于风险防控的考虑，票据新规规定银票和财票最高承兑余额不得超过承兑人总资产的15%，保证金余额不得超过承兑人吸收存款规模的10%。这一规定对于个别过度依赖票据资产及票据业务吸收存款的金融机构具有一定的约束力，能够防范因过度承兑所导致的到期兑付风险，也能在一定程度上减小融资性票据规模，促进票据回归真实交易，进而推动票据市场出清。然而，由于金融机构和财务公司大部分承兑余额和保证金余额占比显著低于监管规定，因此这一规定基本不会对市场造成影响，同时也有利于大型银行积极发展票据业务。发展低保证金比例优质银票业务，不仅能够帮助商业银行控制好保证金比例，防止因保证金存款到期后引发的流动性风险，还能降低资本占用，促进银行业发展。值得注意的是，承兑余额和保证金余额比例只是针对银票和财票的限制，由于商票依托企业自身信用签发，并不存在保证金缴纳要求，从某种程度上来讲，这一限制也为商票的发展提供了空间。

（二）扩大票据发展总量，服务中国式现代化

1. 推动票据全生命周期发展

可由央行统筹规划中国票据市场的顶层设计。组织研究票据市场框架体系的创新发展，统筹票据市场基础设施建设，从宏观层面制定票据市场的发展规划、发展战略及长短期目标，积极研究探索我国市场经济条件下的票据制度和票据信用理论体系；建立以"一行和金融市场监管部门"为牵头的单位，探索构建我国票据市场框架体系；建立以央行电子商业汇票系统（ECDS）为核心的覆盖票据市场承兑、贴现、转贴现、回购、再贴现及衍生产品、新产品、评级、经纪等全生命周期的中国票据市场体系。

2. 推动制造业、批发零售业票据发展

票据既有支付结算功能，也有扩张信用的融资功能，理应是我国多层次融资体系

的一部分。股票、债券、短期融资券、中期票据、非公开定向债务融资工具（PPN）、资产证券化（ABS）等融资工具只适用于少数大型制造业、批发零售企业，多数中小制造业、批发制造业企业在公开市场没有评级，不适宜在资本市场进行大规模融资。同样，相对于银行贷款，票据市场基础设施完善，电子票据最长期限为半年，并且可以自主约定到期期限，通过企业网银签发、流转非常便捷，还可以同开户银行"一事一议"，满足双方约定的特定条件即可获得银行承兑作为信用加持，这些基本属性同中小制造业、批发制造业企业的短期融资需求十分契合。同时，依托于上下游的真实贸易背景，票据的到期兑付具有自偿性特征，并且对于长期在某家银行做基础支付结算的企业，银行可以获得稳定的大数据以帮助灵活调整、控制票据信用敞口的比例，尽可能地创造条件为制造业、批发零售企业提供短期的流动性支持。综合来看，中小制造业、批发制造业企业的票据融资比信贷融资的可获得性高，在获得金融机构中长期贷款的同时，也可约定配套签发票据实现短期流动性管理需要，长短结合使票据的优势更加明显。

3. 发展供应链票据

供应链票据平台依托于电子商业汇票系统，为企业提供电子商业汇票的签发、承兑、背书、到期处理、信息服务等功能。供应链票据平台与供应链金融平台对接，能够实现对于上下游企业之间资金流、商流、物流、信息流的整合，因此，相较于传统票据业务而言，供应链票据具有全生命周期风险可控的优势。由于供应链企业之间往往具有较长的贸易链条，容易形成"三角债"，大部分企业往往更倾向于使用票据结算货款。供应链票据将票据嵌入供应链场景，依托平台签发，通过流转带动企业信用传递，凭借科技赋能实现了票据的可拆分、任意金额灵活支付，还可以通过贴现等帮助企业快速融资。供应链票据本质为票据，有《票据法》作为保障，因此上下游支付、融资更加安全。同时，票据新规明确了供应链票据的地位，为供应链票据发展扫清了制度障碍，有利于供应链内中小企业与票据市场对接，为供应链持续稳定运营与发展提供了金融支持。

4. 发展应收账款票据化

应收账款积压、资金流动不畅是当前实体经济发展中面临的重要问题。国家统计局数据显示，2022年末我国规模以上工业企业应收账款达到21.65万亿元，较2021年末增长14.73%。由于应收账款不具有确权效果，其流转过程中对于原始债务人约束往往较弱，容易发生故意赖账、拖欠等情况，造成对于企业的二次盘剥。与之不同，票据具有固定的账期，具有到期无条件付款的特性，具有确权性，为企业回款提供了保障，而且票据融资成本一般较低，具有跨区域、流动性强等优势，可成为企业应收账款的重要替代工具。电票的发展赋予传统票据互联网属性，使票据货币化支付成为可能，产业链上下游企业间可以通过签发、背书转让票据轧清应收、应付款项，实现应收账款票据化。票据新规发布后，票据期限逐渐缩短至不超过6个月，这将更加匹配企业账期，对于减少企业资金占压、加快资金回笼、加速资金流通、提高企业生产效率具有重要意义。

（三）推动票据重点式发展，服务中国式现代化

1. 推动普惠金融票据化发展

在普惠金融改革试验区三年行动计划的契机下，建议地方金融监督管理局与央行牵头，通过线上与线下方式，一方面，积极开展票据知识教育，举办票据支持普惠金融专题讲座和培训，向各金融机构和企业宣传票据理论知识与操作规范，进一步扩大票据的使用范围。另一方面，加强票据业务从业人员的操作技能和业务水平培训，建立多层次、常态化的人才培育体系，为票据支持普惠金融发展提供人才储备。依托政府和各金融机构打造集政策宣传、信息集成、业务咨询、担保、见证等一体化的普惠金融票据信息平台，并与互联网科技和数字金融紧密结合，落实经营主体信用档案，推动票据市场信息透明化，缓解票据的信息不对称问题，为金融机构和小微企业开展票据业务提供互连、互通、互信的场所。

2. 推动中小微企业票据发展

各银行分支机构通过普惠金融票据信息平台为中小微企业提供全面、高效、专业化的票据融资服务，以畅通融资渠道、降低融资成本的方式，切实改善中小微企业融资环境，竭力促成政府、银行、企业、科技平台多方受益的共赢局面。对于中小微企业持有的票据，商业银行可利用信息优势对其进行筛选及分层，积极吸收此类企业持有的由产业链中的核心企业承兑的商业承兑汇票的贴现业务，或适当地降低贴现门槛和采取第三方机构参与票据贴现业务进行增信的措施，以扩大中小微企业在票据贴现业务客户群中的比重。同时，在推动落实及时支付条例的基础上，推动大型企业使用商业汇票替代其他形式的账款，积极引导金融机构开展票据贴现和

标准化票据融资，央行在再贴现力度上加大投入，引导票据资金流向，进一步缓解中小微企业资金压力。

3. 推动民营经济票据发展

为了进一步扩大民营企业票据承兑和票据贴现业务规模，适当引入第三方融资担保机构、保险机构，通过采用担保方式为符合条件的民营企业开展票据承兑和贴现业务实现增信效果，进一步提高票据的认可度和流动性；或采用再担保的方式来分散风险，提高担保机构的风险抵御能力，提高票据融资担保的稳固性。同时，加快对票据市场属于标准化市场的认定，在此基础上推出票据类信用风险缓释工具，提高商业承兑汇票市场接受度。在票交所平台发展推广商业承兑汇票回购业务，提高民营企业商票的流动性，扩大商业承兑汇票的融资渠道，确保后端流转和融资畅通，提高投资者对商业承兑汇票的青睐度，助推民营企业通过商业承兑汇票进行融资。

4. 推动科创企业票据发展

科创类企业是国家经济发展的未来，发挥好政府融资担保机构的作用，通过财政部门、财政资金引入票据市场，并设立准入"白名单"，通过国家或地方担保基金，为符合国家和当地政策导向的科创企业提供票据融资担保服务，或支持担保机构为缺乏抵押物和信用记录的科创企业提供担保，有效地解决名单内科创企业商票认可度低的问题，并通过财政担保及贴现贴息解决科创企业承兑商票流动性差的问题。同时，探索政府融资担保机构与当地商业银行的合作，共同支持科创企业的发展，商业银行可以与政府融资担保机构一起分担风险，共享科创企业的发展成果，提高财政资金的使用效率，努力把科创企业票据业务做大做强。

5. 推动票据数字化转型发展

随着数字技术的不断突破和广泛应用，数字经济已成为重塑全球竞争格局、推动产业变革的核心力量，其发展也推动着票据市场数字化发展进程。票据新规对于信息披露、主体信用评级等相关规定也需要票据市场信息集成化、数字化发展作为辅助。票据的数字化发展将进一步提升票据市场透明度，推动基础设施完善，促进信用环境改善，优化信用与融资环境，提高市场交易效率，为票据市场创新、服务高质量经济发展提供基础。推动票据数字化发展的前提就是票据信息化，即将传统的线下票据业务线上化，通过数据归集、挖掘处理，提升业务效率，改善市场生态环境。近年来，随着票据市场不断发展，信息化程度得到显著提升，为票据市场的数字化发展奠定了基础。下一步，应加快推动票据市场运用大数据、云计算、人工智能等新兴技术，着力培育票据数字化发展新生态。同步推动票据国际化发展进程，推动跨境票据业务创新与发展，推动票据"走出去"，进一步拓宽票据发展新领域、新未来。

（四）防范票据风险，服务中国式现代化

1.科技赋能，提高科技服务票据水平

票据业务具有流动性强、区域跨度大、时效性突出的特点，信息不对称是票据风险频发的主要成因。一是利用信息科技手段建设标准化、覆盖面广的信息采集录入平台。信息采集录入平台应来源广泛，实现各数据源平台数据的接入汇总，并拥有海量相关非结构化信息，可按"科学规划、统一标准、规范流程"原则，统一采集归口，利用数据信息技术建立索引，实现信息资料管理的科学化、规范化，实现信息集中管理，并建立数据质量控制机制，提高分类数据的准确性。二是打造模型化、手段先进的信息分析预测平台。运用科学模型建立宏观经济预警、区域监测评价等系统，从而对票据信息数据进行多角度、多层次、精细化、准确系统的分析，并展示出区域市场主体的发展情况。同时，对机构交易行为和合规信息进行动态分析，并提供个性化、可定制的直观展示功能。三是实现智能化、时效性强的信息资讯发布平台。信息资讯发布平台要实现智能分类、科学发布、高效共享，建立业务库、案例库、营销库、经验库、文化库、知识库，实现集中展现各类报表、信息功能。应尽快将票据全生命周期的各项信息纳入统一信用信息平台，建立完善的信用登记、咨询体系和严格的监督、执行体系，实现票据信息共享、透明，减少信息不对称，有效消除交易风险、降低交易成本，提高交易效率，进一步促进全国统一票据市场的形成。

2.科技赋能，提高票据风险防范能力

票交所具备全面、实时的海量数据，需要对这些交易数据进行监测，制订应急预案，一旦出现异常情况及时采取措施，维护市场稳健运行。一是利用科技系统收集整合票据风险信息，包括公示催告、挂失止付、风险票据、票据案件或事件以及可能产生票据风险的其他信息，也要建立"黑白名单"制度，对具有欺诈、恶意拖欠票款等不良行为的客户进行"黑名单"管理，而对信誉良好、交易活跃、推动票据市场创新发展的客户予以升级，鼓励商业信用发展。二是票交所可以通过市场变动趋势和客户的风险偏好，借助数据模型建立以情景分析、压力测试为手段的前瞻性风险管理模式，合理地为客户推荐交易对手，匹配其风险收益，打造专业队伍，加强对业务和产品模块中各个环节的风险管理与控制，促进客户提高合规经营意识，推动监管要求在整个市场的传导。三是借助大数据分析完善风险计量和内控评价模型，不断地推动风险的量化管理体系，通过嵌入业务和产品模块推动量化监测风险的尝试，并对合规操作和管理进行全方位分析，提升会员的风险防范水平和合规管理能力。四是提供应对票据风险场景和具体问题的咨询，处置票据风险资产的介绍、案例和相关办法等功能。

浅析监管新规对票据业务的影响及商业银行应对策略

■董星　张涵文[1]

摘　要：2022年下半年以来，金融监管政策频发，除《商业汇票承兑、贴现与再贴现管理办法》（以下简称票据新规）对票据业务作出较大修订完善并产生直接影响外，三项监管新规也涉及多项对票据业务监管要求的调整，将与票据新规形成共振效应，从各方面、各维度对票据业务乃至票据市场产生深远影响。本文旨在对上述三项监管新规对票据业务的影响开展研究分析，并就商业银行经营票据融资业务下一步应对措施提出相关建议。

关键词：《分类新规》；《资本新规》；《财司新规》；票据业务；策略

自2022年下半年以来，监管部门接连下发《企业集团财务公司管理办法》（银保监会令2022年第6号，以下简称《财司新规》）、《商业银行金融资产风险分类办法》（中国银行保险监督管理委员会　中国人民银行令〔2023〕第1号，以下简称《分类新规》）、《商业银行资本管理办法》（国家金融监督管理总局令第4号，以下简称《资本新规》）向商业银行广泛征求了意见。这三项监管新规对包括票据业务在内的同业业

---

[1] 作者简介：董星、张涵文，现就职于工商银行票据营业部。

务产生了深远影响，商业银行票据经营与管理机构有必要对票据业务开展深入分析，研究制定下一步应对措施，促进票据业务的持续稳健发展。

一、资本新规影响分析

（一）出台背景

2012年，银监会根据2010年出台的《巴塞尔协议Ⅲ：初步框架》制定了《商业银行资本管理办法（试行）》。近年来，随着经济金融形势和商业银行业务模式的变化，巴塞尔委员会陆续发布了一系列改革风险加权资产计量框架的监管文件，并于2017年12月发布了《巴塞尔协议Ⅲ：后危机时代监管改革最终版》。监管部门立足我国银行业实际情况，结合国际监管改革最新成果，对资本管理办法进行修订，于2023年2月发布《资本新规》征求意见稿，2023年11月发布正式版，将于2024年1月1日正式施行，引导银行持续提升风险计量精细化程度，更好地服务实体经济。

（二）主要内容

《资本新规》主要对资本监管体系、风险加权资产计量等进行重大修订。一是推进资本监管体系的差异化，按照银行间的境内外业务规模和风险管理差异，划分三个档次银行（见表1），匹配不同的资本监管方案。二是提高风险加权资产计量的精准性，以风险权重引导银行加大对中小企业等实体经济融资支持，减轻同业资产持仓比重。三是强化风险管理的正向引导，强调制度审慎、管理有效是准确风险计量的前提，要求银行建立并有效落实相应的制度、流程和机制，并提供正向激励。四是提升监管的有效性，进一步完善监督检查内容和检查要求，以减少监管套利空间。五是强化信息披露的约束力，遵照匹配性原则，建立覆盖各类风险信息的差异化信息披露体系，提高信息透明度和市场约束力。

表1　三个档次银行划分标准

划分档次	划分标准1（资产规模）	划分标准2（跨境业务规模）
第一档	上年末并表口径调整后表内外资产余额5000亿元人民币（含）以上	上年末境外债权债务余额300亿元人民币（含）以上且占上年末并表口径调整后表内外资产余额的10%（含）以上

续表

划分档次	划分标准1（资产规模）	划分标准2（跨境业务规模）
第二档	上年末并表口径调整后表内外资产余额100亿元人民币（含）以上	上年末并表口径调整后表内外资产余额小于100亿元人民币但境外债权债务余额大于零
第三档	上年末并表口径调整后表内外资产余额小于100亿元人民币且境外债权债务余额为零	—

对票据业务的资本计量变化主要体现在，信用风险权重法中增加了权重档次且部分权重分值有所调整。《资本新规》对三个档次银行实施差异化风险计量要求，对第一档银行来说，《资本新规》对其他银行或非银金融机构的风险暴露实施A+、A、B、C四个等级[2]差异化的风险权重，较以往仅按票据类型和原始期限维度划分而言更为精细，资本计提也相对提高了（见表2），其中鉴于目前国内大部分银行应划入A级，《资本新规》实施后原始期限3个月以上风险资产暴露的权重将由现行的25%上升至40%。此外，第一档次银行对境内外其他金融机构风险暴露和对一般公司风险暴露均新增"投资级"[3]类别，风险权重（75%）显著低于一般其他金融机构/企业债权（100%），即买入财务公司或商业承兑票据。如果该财务公司或企业属于投资级，则资本计提将较以往有所降低。一般公司风险暴露还细分出中小企业类别，风险权重由100%下调至85%，小微企业的风险权重仍为75%，体现出《资本新规》引导商业银行加大对实体经济信贷支持的政策意图。对第二档、第三档银行则不要求对其他银行债权划分信用等级，票据风险计量相对简单。其中对于第二档银行，《资本新规》最大的变化在于对原始期限3个月以上的票据风险权重由25%提升至40%，其他与现行规则一致。对第三档银行，不对贴现票据期限作区分，贴现买入银票的风险权重提高至30%，贴现异地企业承兑的商票风险权重提高至150%，其他的和现行规则一致。

---

[2] 主要按银行资本充足率等达标情况划分。
[3] 投资级公司判定因素主要包括利润、资产负债率、经营性现金流等财务指标，以及对外担保规模、股票或债券发行和履约情况等共8个条件。

表2　第一档次银行适用的风险暴露权重

对境内外其他商业银行风险暴露的风险权重				
类别	3个月内	现行办法	3个月以上	现行办法
A+	20%	20%	30%	25%
A	20%		40%	
B	50%		75%	
C	150%		150%	
对境内外其他金融机构风险暴露的风险权重				
类别	新规		现行办法	
投资级	75%		100%	
其他	100%			
对一般公司风险暴露的风险权重				
类别	新规		现行办法	
一般其他	100%		100%	
投资级	75%		—	
中小	85%		—	
小微	75%		75%	

（三）对票据业务的影响

1. 对商业银行的影响

《资本新规》构建了差异化的资本计量体系，对资产规模较大、业务较为复杂的银行，对标巴塞尔国际标准计算信用风险加权资产；对资产规模较小、业务较为简单的银行，可实施简化的权重法，这样既加强对大中型银行的资本监管，推动银行业保持发展稳健性，又适当降低中小银行合规成本，引导其聚焦于服务县域和小微企业。对于以中小微客户主要客群的中小银行是利好，但对于负债端过度依赖同业负债、非次级金融债以及资产端以城投债、房地产贷款、非标投资且客户资质较弱的银行将受到较大的负面影响。从各项业务种类来看，总体而言，《资本新规》下调了部分公司和零售业务的风险权重，上调了金融机构债权的风险权重，体现了监管约束同业空转、引导回归实体本源的思路。这将促使商业银行对自身业务布局进行一定调整，对包括票据业务在内的同业业务可能形成一定的挤出效应。

2. 对票据市场的影响

第一，资本成本增加或将带来票据融资价格上升。按照风险定价逻辑，风险权重上调必将导致票据业务风险成本的抬升，从而引起票据融资业务利率的上升。但受诸多因素综合影响下的票据市场利率反弹或存在较大压力，继而表现为利差空间进一步缩窄。若转贴现买入利率或买卖价差无法覆盖增加的资本成本，以交易获利为主的机构将更多地加入贴现市场的竞争。第二，差异化资本约束下形成价格分层。在相同条件下，A＋、A类银行承兑票据因资本计提较少而流通性更强，B、C类银行承兑汇票在市场上的流通成本会大幅增加，导致不同承兑行的票据市场价格分层会更加明显。第三，短期限票据交易或更活跃。《资本新规》对3个月以内期限票据的资本计量保持不变，3个月以上期限与3个月以内的差值从原来5个百分点（25%-20%）普遍提高至20个百分点（40%-20%）或更高，即在当前国内大部分银行划入A级的情况下，期限利差将大于信用利差，故短期限票据的周转交易将更受追捧，长期限票据更多会以持票获利为目的。第四，相较同类产品票据略有优势。对与票据融资具有高度替代性的国内信用证，《资本新规》将基于服务贸易的国内信用证信用转换系数（CCF）由20%调整至50%，这将在一定程度上降低该产品的竞争力，反而有利于票据业务的发展。

二、《分类新规》影响分析

（一）出台背景

2023年2月，人民银行、银保监会发布《分类新规》，是自2007年银监会发布《贷款风险分类指引》16年以来的最大变革。2017年，巴塞尔委员会发布《审慎处理资产指引》，增强了全球银行业资产风险分类标准的一致性和结果的可比性。为应对风险分类实践面临的诸多新情况和新问题，《分类新规》根据国内国际良好标准，结合我国银行业现状和监管实践，进一步做实资产风险分类管理，有利于银行业防范化解信用风险，提升服务实体经济的水平，促进高质量发展。

（二）主要内容

一是《分类新规》拓展了风险分类的资产范围，风险分类的对象由贷款拓展至承担信用风险的全部金融资产，包括但不限于贷款、债券和其他投资、同业资产、应收款项以及表外项目等。二是强调以债务人为中心的分类理念，对非零售金融资产进行风险分类时，以评估债务人的履约能力为中心，纠正同一债务人名下多笔贷款分类结果不一致的现状[4]。三是不良分类考虑信用减值状况和逾期天数，要求已发生信用减值的资产必须划入不良；逾期超过0、90、270、360天，应至少归为关注、次级、可疑、损失类。四是调整和细化重组资产的风险分类要求，进一步细化了重组概念，对重组资产概念中的"财务困难"和"合同调整"作出更详细的规定；将重组资产观察期由6个月延长至1年，在观察期内采取相对缓和的措施，有利于推动债务重组顺利进行。

（三）对票据业务的影响

从正面影响来看，商业银行资产质量透明度有所提升，有助于票据市场稳健发展。《分类新规》进一步拓展了风险分类对象，严格了风险分类标准，尤其是同业资产明确纳入五级分类之后，一旦出现风险将体现在五级分类指标上，银行资产质量的透明度与不良率的真实性将有所提升，长期来看将有助于银行夯实资产质量，规范实际经营。从负面影响来看，部分中小银行将面临指标劣变压力，这对精准管理提出挑战。近年来，受制于可放贷规模、存贷款及资本金等方面限制，中小银行更偏向于一般性贷款以外的非信贷业务进行资产扩张，所配置的同业资产规模相对较大，部分同业资产风险也相对较高。《分类新规》一方面将同业资产纳入五级分类指标，部分中小银行通过做大同业业务实现资产规模和利润增长的路径受到约束；另一方面明确了分类的量化标准，实行不良认定"连坐"，对于前期资产质量有所"掩饰"、计提减值不充分的中小银行，其拨备、盈利、资本等反映风险抵御能力的指标或将面临劣变压力，存在中小银行暴雷的风险。

---

[4] 具体而言，债务人在本行债务超过10%分类为不良的，该债务人在本行所有债务均应分类为不良；债务人在所有银行的债务中，逾期90天的债务超过20%的，各银行均应将其债务归为不良。

三、《财司新规》影响分析

（一）出台背景

随着中国经济的不断发展，原来的财务公司管理办法在市场准入、对外开放政策、业务范围和监管要求等方面已不符合经济高质量发展要求，近年来部分财务公司盲目发展、无序扩张，导致经营定位偏离主业，异化为企业集团对外融资工具，信用风险事件时有发生。故监管部门于2022年10月印发了《财司新规》并规定自2022年11月13日起施行。

（二）主要内容

《财司新规》主要从调整准入标准和扩大对外开放、优化业务范围和实施分级监管、增设监管指标和加强风险监测预警、加强公司治理和股东股权监管、完善风险处置和退出机制等方面进行了规范。一是提高成立门槛，实施分级监管，将业务区分为基础业务和专项业务，基础业务是风险较低、主要服务集团内部的业务（办理成员单位票据贴现属于基础业务），在财务公司成立时就自动获得基础业务资格；专项业务是风险较高、具有外延性的业务，需经银保监会审批后方可开办（本次修订将办理成员单位票据承兑调整为专项业务），对基础业务和专项业务实施分级监管。二是收窄业务范围、强化监管指标，取消了部分未能有效服务集团发展且外部成本更低、替代性更强的发债、融资租赁、代理保险等非核心主营业务，并增加了一系列监管红线指标。其中涉及票据业务的指标在《财司新规》十项监管指标中占据四项，具体为：票据承兑余额不得超过资产总额的15%；承兑汇票保证金余额不得超过存款总额的10%；票据承兑余额不得高于存放同业余额的3倍；票据承兑和转贴现总额不得高于资本净额，其中前两项与票据新规保持一致。新规针对防范财务公司超量承兑的作用凸显。

（三）对票据业务的影响

从正面来看，财务公司加强管控，有利于整个行业的健康可持续发展。《财司新规》调整了市场准入标准，对控股股东的要求更加严格，制定完善关联交易管理制度，特别是规范与上市公司的业务往来，建立健全内部控制制度，从源头上遏制财务公司沦为母公司融资平台的弊端,实现对风险的早发现、早预警、早处置,有助于促进行业高质量发展。负面影响主要是财务公司受到业务约束,将面临经营发展压力。《财司新规》设定的业务范围及监管红线将对财务公司融资渠道、资产配置、业务拓展形成更多的约束,短期内部分财务公司需清理发债、融资租赁、代理保险等存量业务,可能造成资产规模收缩、盈利水平收窄等经营困境。此外,《财司新规》允许外资跨国集团直接发起设立外资财务公司,将对中资财务公司形成新的竞争压力。

四、应对措施建议

三项新规及同为近期颁布实施并对票据业务产生直接影响的票据新规共同作用,将对票据市场产生叠加共振影响。面对监管思路上的新变化、新趋势,商业银行应前瞻思考,提前谋划,在有效控制业务风险的同时,积极寻求和把握业务机遇,有效发挥票据服务实体经济的功能优势,共同推动实现票据市场高质量发展,使票据业务在服务构建新发展格局中更加积极有为。

(一)制定差异化票据资产经营运作策略

一方面,《资本新规》要求第一档银行对同业资产的资本计提按照银行分类档次对应不同比例来计提,导致买入分类在A档以下的中小银行承兑票据将比持有其他银行承兑票据资本显著增提。另一方面,《分类新规》扩大分类范围、交叉违约和外部评级条款都将扩大和加速中小银行的风险暴露,导致其资本充足率等指标出现劣化,又将连锁导致其面临银行分类档次的下调。在市场自然选择的催化下,银行业分化将更为显现,信用价差将明显走扩,信用分层、信用溢价在票据贴现经营中将更趋明显,指标相对较好且分类在A档的中小银行承兑票据价格将更接近国有与股份制银行的票据定价,而指标较差的分类在A档以下的中小银行承兑票据价格中枢将反之上移。这对商业银行票据业务经营提出了更为精细化的要求,商业银行应顺势而为,重点在票据交易定价、票据资产配置、票据结构摆布等方面探索实施更加差异化、精细化的管理手段,充分考量资本计提与风险溢价因素,提高票据资产运营水平和经营管理效能。此外,在信用分层走扩的情况下,大行也可进一步研究做精做活以中小银行、非银机构为交易对手主体的回购业务,顺应《资本新规》引导同业业务回归短期临时性头寸调剂的本源，深度参与短期回购市场，提高中短期资金的融出占比，运用自身品牌优势与丰富的资金实力缓解中小市场主体资金压力，防范化解系统性金融风险。

（二）研究精细化中小信用主体风险管控策略

在全球经济衰弱预期走高的形势下，一方面，对于原本依赖同业负债扩大规模的中小银行来说，如果经营转型调整不力，将面临融资困境而产生较大的流动性风险，另一方面，资产分类调整下的不良贷款增加导致拨备增加、利润下降，经营压力势必陡增。尤其是处于全球经济下行周期，对以服务地方经济为主的中小银行，随着房企暴雷、项目停工、断供风波以及地方政府债务压力加大等风险逐渐向金融机构蔓延，一些房地产贷款或地方政府平台融资集中度较高、风险抵御能力较低的中小银行或将面临市场出清的风险。在此情况下，商业银行应统筹好发展与安全，从维护金融安全稳定的高度出发，更加重视对中小信用主体的风险把控，防患于未然，阻断风险在跨金融市场之间的传递蔓延。可建立完善中小金融机构信用风险综合评价模型，在评价指标方面突出业务规模、结构、风险治理等方面的关键指标分析，结合新规变化，突出体现对房贷、城投贷等重点风险领域的趋势性指标权重，促使评价结果更为客观，更具前瞻性，并实施差异化风控措施、名单制管理等加强评价结果的运用，进一步提高信用风险预期管理水平。

（三）实施灵活化财务公司合作策略

《财司新规》对财务公司承兑和转贴现业务设置多项余额、总量和保证金等方面的限制，直接控制了财票业务的规模。而票据新规也将财务公司承兑汇票从银行承兑汇票中单列出来，并严格比照银行机构的要求进行监管，如对承兑的担保品要严格管理，保证金账户需单独设置，以及将财务公司承兑业务一并纳入存款类金融机构统一授信管理和风险管理框架等。这意味着财务公司开展票据业务的灵活性大幅下降，并将面临更大的监管压力。故在风险管理上，应加强对财务公司的风险管控，优化财务公司综合评价指标，持续把准、把好财务公司准入关口。在业务合作上，一方面，对符合"投资级"的优质财务公司予以政策倾斜，可降低资本耗用，对经营管理不善或面临行业性风险的集团公司控股的财务公司要及时调整管理策略，包括调低类别、控制业务敞口或直接退出，持续提升风险敏感性和精细化风险管理水平。另一方面，可稳步推广与财务公司合作开展财票贴现业务。受《财司新规》影响，预计大多数财务公司将寻求与银行合作来承接其"一头在外"部分固有需求，维系与供应商的业务合作。商业银行可抢占业务先机，通过与财务公司对接此类财票贴现业务，并采用"一点对全国"业务合作方式，提高本行票据资产综合收益的同时，帮助相关集团客户提升其财票的市场接受度，进一步提高银财合作的深度和广度。此外，商业银行应密切关注新规允许的外资控股集团直接发起设立的外资财务公司，在合规与风险可控的前提下适时与其开展合作，探索推进跨境票据业务合作，服务推动人民币国际化进程。

（四）创新拓展商票业务

一方面，《资本新规》将一般公司风险暴露划分为投资级公司、中小企业、其他一般公司和小微企业四类，风险权重分别为75%、85%、100%、75%，同时调高了银行类债权的风险权重，即优质企业承兑票据相较于劣质银行承兑票据将具有一定资本优势。这将大大改变现行对商业承兑汇票的风险定价，对商票业务有一定促进作用。另一方面，票据新规缩短票据期限，促使企业接受商票的意愿提升，而依托供应链票据的推广使用可实现供应链商票的发展，信用披露制度的健全也对商票发展提供了生态环境保障。长期来看，商票将实现长足发展。商业银行可发挥商票具有的典型供应链属性，加强在商票业务方面的创新研究，积极探寻多样化商票嵌套产业链供应链生态的办理模式，并可根据不同的业务场景、交易模式和参与主体，研究设定灵活化商票贴现和转贴现授信占用规则，以商票业务的创新实践优化供应链金融服务方式，从而推动我国产业链循环畅通。

基于新资本管理办法下票据业务影响分析

■ 谢康康[1]

摘 要： 为进一步提升商业银行资本监管规则，推动银行提升风险管理水平，提高银行服务实体经济的质效，2023年11月1日，国家金融监督管理总局发布《商业银行资本管理办法》。由此拉开我国差异化监管体系的序幕，在差异化资本监管、风险加权资产计量规则上进行了全面修订，要求银行实施有效的监督检查措施，提升银行稳健风险管理水平。针对银行票据，结构化提升部分票据业务品种风险权重，银行或将降低对于票据产品的投资需求。基于此，本文拟重点结合新旧商业银行资本管理办法前后票据业务风险权重变化，对票据业务影响进行实证测算分析，以期为后续票据市场发展、商业银行经营管理、票据业务风险防控提供新的思路与建议。

关键词： 巴塞尔协议Ⅲ；商业银行资本管理办法；商业银行；票据业务

一、引言

票据作为我国经济贸易往来重要的支付结算和投融资工具，其快速发展对经济金

---

[1] 作者简介：谢康康，现供职于中国邮政储蓄银行湖南省分行。

融的发展有极大的推动作用。票据资产凭借风险相对较低、收益可观逐渐成为货币市场中投资和交易的重要标的。票据市场也成为货币市场的重要子市场。特别是自2016年票交所上线以来，票据市场迎来蓬勃发展，2022年票据承兑余额为17.4万亿元，比2001年增长了11.6倍，2022年票据交易量达到88.10万亿元，同比增长26.01%。

在此背景下，《商业银行资本管理办法》（以下简称资本新规）依据资产规模差异，将银行划分A+、A、B、C四档，提高部分票据品种的风险权重，银行或将降低对于票据的投资需求。故本文根据实质重于形式的原则，结合资本新规重点测算票据业务风险资产占用影响及成本变化，并提出相应对策与建议，以积极应对这些变化与影响。

二、资本新规推出背景及实施简述

为解决2006年《巴塞尔协议Ⅱ》在2007—2008年国际金融危机下暴露的诸多缺陷，巴塞尔委员会（BCBS）于2017年12月发布了《巴塞尔协议Ⅲ：后危机改革的最终方案》（以下简称《最终方案》）（见表1）。其中主要就以下内容进行修订。（1）风险计量方法改革。以提升风险敏感性、计量结果等为出发点，对操作风险资本计量方法、市场风险资本计量方法进行全方位改革，并对系统性重要银行提出更高的附加杠杆率要求。（2）信用风险标准法改革。进一步细化风险暴露，重新定义风险驱动因子，校准风险权重系数。（3）信用内评法改革。限制了内评法的使用范围，并重新设定了72.5%的永久性资本底线。但受2020年全球性新冠疫情影响，央行行长和监管机构主管组织（GHOS）决定推迟《最终方案》执行时间。因此GHOS决定《最终方案》的监管标准于2023—2028年分阶段实施。

表1 《巴塞尔协议Ⅲ》最新要求实施时间

监管标准	最新要求实施时间
修订后的杠杆率监管框架及全球系统重要性银行附加杠杆率要求 信用风险标准法新规 信用风险内评法新规 操作风险新规 信用估值调整（CAV）新规 市场风险新规 第三支柱披露框架新规	2023年1月1日

资料来源：Wind。

为顺应国际金融监管趋势，2023年11月1日，国家金融监督管理总局正式发布资本新规，为了给商业银行预留充足的实施准备时间，并保持我国实施进度与国际成员基本同步，设立了1年并行期，正式稿执行时间仍为2024年1月1日，但明确自实施之日起至2024年末。此外，明确了过渡期安排。一是对记入资本净额的损失准备设置2年过渡期，在过渡期内，商业银行应分别计算贷款损失准备和非信贷资产损失准备。二是对信息披露设置5年过渡期，过渡期内商业银行根据所属档次、系统重要性程度和上市情况，适用不同的信息披露要求。

资本新规在立足我国商业银行发展现状的基础上，结合国际改革最新成果，对2012年《商业银行银行资本管理办法（试行）》（以下简称试行办法）进行全面修订。具体从以下三个方面进行修订。（1）根据银行规模差异将银行分为三个档次，匹配不同的监管方案。增设资本底线，限制银行通过使用内部模型法降低信用风险和市场风险计量资本要求的幅度，提高风险加权资产及资本充足率的可比性。（2）新的数据报送要求，无论从客户信息、债项信息、抵质押品数据等业务数据角度出发，还是从国民经济行业及企业划型信息、风险暴露划分标准等行业数据角度出发，银行都将面临数据收集、加工、计量与评估体系的重大挑战。（3）完善调整了第二支柱监督检查规定，全面提升第三支柱信息披露标准和内容，进一步加强了监管机构对于第二支柱全面风险管理与内部资本充足评估程序（ICAAP）的重视程度，针对ICAAP下各个模块提出了新的要求。

三、资本占用对比分析

在《最终方案》指导下，资本新规从最新国际银行监管架构、监管理念出发结合我国当前实际国情，切实提升风险加权资产计量的风险敏感度、可操作性及可比性的同时，将引导商业银行建立完善的管理体系。

从表2可以发现，资本新规中引入银行同业分级体系，将交易对手商业银行分为A+级、A级、B级、C级四档，商业银行3个月以上债权的风险暴露权重由25%上升至40%。从整体上看，相比于试行办法商业银行风险暴露（3个月以内20%、3个月以上25%）上升至40%甚至更多，对B级和C级银行体现得尤为明显，这将在流动性层面上加剧银行间的分化。此外，对我国商业银行的次级债权风险权重由100%上调至150%，预计至少短期内，将加剧同业业务资本承压，持仓规模或有所压降。

表2　商业银行风险权重对比

单位：%

权重分类	资本新规				试行办法
商业银行风险暴露	A+级	A级	B级	C级	对其他商业银行的债权
"基础"风险权重	30	40	75	150	25
短期风险暴露的风险权重	20	20	50	150	20

风险暴露	"投资级"企业	中小企业	小微企业	其他	对一般企业的债权	对微型和小型企业的债权
"基础"风险权重	75	85	75	100	100	75

权重分类	监管零售风险暴露		其他零售风险暴露	个人债权（不含个人住房抵押贷款）
	合格交易者	其他		
"基础"风险权重	45	75	100	75

住房抵押风险暴露

项目	符合审慎贷款审批标准						不符合审慎贷款审批标准	个人住房抵押贷款	对公房地产贷款
LTV区间	LTV≤50%	50%<LTV≤60%	60%<LTV≤70%	70%<LTV≤80%	80%<LTV≤90%	90%<LTV≤100%	LTV>100%		
还款源不依赖房产所产生的现金流	20	25	30	35	40	50	交易对手风险权重	交易对手风险权重	50
还款源依赖于房地产所产生的现金流	30	35	45	50	60	75	105	150	一般企业：100；小微企业：75
对向个人发放的存在币种错配情形的居住用房地产风险暴露	min（无币种错配情况下风险权重的1.5倍，150%）								

商用房抵押风险暴露

项目	符合审慎贷款审批标准			不符合审慎贷款审批标准
LTV区间	LTV≤60%	60%<LTV≤80%	LTV>80%	
还款源不依赖于抵押房产所产生的现金流	65	交易对手风险权重	交易对手风险权重	交易对手风险权重

续表

权重分类		资本新规			试行办法
还款源依赖于抵押房产所产生的现金流	75	MAX（90%，交易对手风险权重）	110	150	一般企业：100；小微企业：75
土地收购、开发和建设风险暴露					
项目		符合审慎贷款审批标准、未发生逾期，且满足：（1）项目资本金比例符合国务院关于固定资产项目资本制度相关要求（保障性住房和普通商品住房项目的最低资本金比例为20%，其他房地产开发项目的最低资本金比例由30%调整为25%）；（2）未发生本金，利息或收益逾期，不属于重组资产；（3）用于居住用房的土地开发或建设	不符合审慎贷款审批标准	50	
风险权重		100		150	
表外业务					
等同于贷款的授信业务		100			100
贷款承诺					
随时无条件撤销		10			0
不能随时无条件撤销且期限在1年以内		40			20
不能随时无条件撤销且期限超过1年		40			50
未使用信用卡额度					
符合标准		20			20
其他		40			50
与贸易直接相关的短期或有项目					
基于服务贸易的国内信用证		50			20
其他		20			20
与交易直接相关的或有项目		50			50

权重分类	资本新规	试行办法
信用风险仍在银行的资产销售与购买协议	100	100
其他表外项目	100	100

资料来源：Wind、中国人民银行。

从对公业务来看，引入"投资级"企业分类，内评法更对中上企业引入资本节约项，优先开展处于运营期项目，限制处于建设期的项目。对于房地产类对公业务更加细化，特别是第一档银行的居住用房地产风险权重下调幅度较大，相较试行办法将使我国上市银行个人房贷风险加权资产减少2.84万亿元，整体资本充足率上升20BP。

零售业务，合格投资者信用卡贷款权重下调，有利于优质零售银行节约资本，考虑到大部分银行发放的消费贷款及经营贷款均不超过1000万元，因此零售贷款风险权重没有额外增加的压力。同时，针对信用卡贷款，资本新规将合格交易者的风险权重从75%调降至45%，这将更加利好聚焦优质客户的零售银行，节约资本占用。

综上所述，资本新规的主要变化在构建差异化资本监管体系、全面修订风险加权资产计量规则以及提高信息披露标准三个方面，而考虑到信用风险是银行经营中最主要的风险，且全球大多数银行都使用权重法来计量，故信用风险权重法计量规则的变化是本次办法修订的重中之重。整体上看，银行各类业务都增加了新的口径，风险暴露权重的划分更加细化，绝对水平上各具体业务的风险权重有升有降且幅度不一，考虑到2024年有一年并行期，预计行业整体的资本充足率将保持相对平稳的水平，不会有太大波动，但是各类资产的资本占用结构将发生较为明显的调整，或将带动银行各项具体业务的规模和占比有所变化。

四、资本新规对商业银行票据业务影响实证分析

（一）票据业务在资本新规下的计提规则简析

首先，根据资本新规，各商业银行应当按档分类，以满足差异化资本监管要求，具体分类标准如表3所示。

表3 资本新规下商业银行分档标准

分类	标准
第一档商业银行	1.并表口径调整后表内外资产余额5000亿元人民币（含）以上；2.上年末境外债权债务余额300亿元人民币（含）以上且占上年末并表口径调整后表内外资产余额的10%（含）以上。
第二档商业银行	1.并表口径调整后表内外资产余额100亿元人民币（含）以上，且不符合第一档商业银行条件；2.上年末并表口径调整后表内外资产余额小于100亿元人民币但境外债权债务余额大于零。
第三档商业银行	并表口径调整后表内外资产余额小于100亿元人民币且境外债权债务余额为零的商业银行。

资料来源：Wind、中国人民银行。

按照上述标准，截至2023年第三季度末，42家上市银行中，6家国有行、12家股份行、22家城商行和7家农商行为第一档，331家城商行及68家农商行为第二档，无第三档（见表4）。

表4 《资本新规》下各商业银行分档排布

商业银行档位	国有行（家）	股份行（家）	城商行（家）	农商行（家）	其他（家）	合计（家）	资产规模占比（%）
第一档	6	12	22	17	1	58	87.2
第二档	0	0	82	331	68	491	12.4
第三档	0	0	0	54	140	194	0.30

资料来源：Wind、国家金融监督管理总局。

其次，资本新规中将交易对手商业银行分为A+级、A级、B级、C级四档（见表5）。

表5 资本新规下商业银行分级标准

等级	标准
A+	1.满足A级的全部要求。2.核心一级资本充足率不低于14%。3.杠杆率不低于5%的商业银行。

续表

等级	标准
A	1. 满足最低资本要求： （1）核心一级资本充足率不得低于5%；（2）一级资本充足率不得低于6%；（3）资本充足率不得低于8%。 2. 满足缓冲资本要求： （1）储备资本要求：核心一级资本不得低于7.5%；（2）逆周期资本要求：目前为风险加权资产的0%；（3）系统重要性银行附加资本要求：核心一级资本不得低于"7.5%+附加资本"要求。 3. 上述最低资本要求和缓冲资本要求，不包括针对单家银行的第二支柱资本要求。
B	1. 不满足A级要求。 2. 满足最低资本要求： （1）核心一级资本充足率不得低于5%；（2）一级资本充足率不得低于6%；（3）资本充足率不得低于8%。
C	1. 不满足所在国家或地区监管部门的最低资本要求。 2. 在拥有外部审计报告的情况下，外部审计师出具了否定意见或无法表示意见，或者对银行持续经营能力表示怀疑。

资料来源：中国人民银行。

我国系统重要性银行附加资本要求如表6所示。

表6　我国系统重要性银行附加资本要求

附加资本要求	我国重要系统性银行
1.50%	中国银行、工商银行
1%	农业银行、建设银行
0.75%	交通银行、招商银行、兴业银行
0.50%	中信银行、中国邮政储蓄银行、上海浦东发展银行
0.25%	中国民生银行、中国光大银行、平安银行、华夏银行、宁波银行、广发银行、江苏银行、上海银行、北京银行

资料来源：Wind、国家金融监督管理总局。

目前我国满足A+级的条件的商业银行仅有2家，按资本新规中划分的第一档5000亿元规模以上的银行大多数为A级，还有196家商业银行因数据缺失暂不归类，具体详见表7。

表7 资本新规下各商业银行分级排布

交易对手银行级别	国有行（家）	股份行（家）	城商行（家）	农商行（家）	其他（家）	合计（家）	占比（％）
A+	0	0	17	3	17	37	1.05
A	5	12	106	307	58	485	98.8
B	0	0	0	6	0	6	0.06
C	0	1	0	9	0	9	0.02
数据缺失	0	0	10	59	127	196	—

资料来源：Wind、国家金融监督管理总局。

最后，依照资本新规中风险暴露权重要求，权重法下票据业务风险暴露权重如表8~13所示。

表8 第一档商业银行银行承兑汇票票据业务风险暴露权重

银行承兑汇票							
文件	承兑业务	直贴业务			转贴现业务		
试行办法	100%信用转换系数；风险权重100%	原始期限3个月以内（含），票据的风险权重为20%，3个月以上为25%（不区分承兑行）。			原始期限3个月以内（含），票据的风险权重为20%，3个月以上为25%。		
资本新规	100%信用转换系数	承兑/贴现行信用（孰高）	≤3M	>3M	承兑/贴现行信用（孰高）	≤3M	>3M
	风险权重						
	出票人为一般公司100%	A+	20%	30%	A+	20%	30%
	投资级公司75%	A	20%	40%	A	20%	40%
	中小企业85%	B	50%	75%	B	50%	75%
	小微企业75%	C	150%	150%	C	150%	150%

资料来源：国家金融监督管理总局。

37

表9　第一档银行财务公司承兑汇票及商业承兑汇票风险暴露权重

财务公司承兑汇票及商业承兑汇票					
文件	承兑业务	直贴业务	转贴现业务		
试行办法	—	风险权重100%。	若贴现人为商业银行，则原始期限3个月以内（含），票据的风险权重为20%，3个月以上为25%。		
			若贴现人为商业银行以外的金融机构，风险权重为100%。		
资本新规	—	财票风险权重：承兑人为投资级75%，非投资级100%。 商票风险权重：一般公司100%，投资级公司75%，中小企业85%，小微企业75%。	贴现行信用	≤3M	>3M
			A+	20%	30%
			A	20%	40%
			B	50%	75%
			C	150%	150%

资料来源：国家金融监督管理总局。

表10　第二档商业银行银行承兑汇票票据业务风险暴露权重

银行承兑汇票			
文件	承兑业务	直贴业务	转贴现业务
试行办法	100%信用转换系数；风险权重100%。	原始期限3个月以内（含），票据的风险权重为20%，3个月以上为25%。	原始期限3个月以内（含），票据的风险权重为20%，3个月以上为25%。
资本新规	100%信用转换系数；风险权重100%。	原始期限3个月以内（含），票据的风险权重为20%，3个月以上为40%。	原始期限3个月以内（含），票据的风险权重为20%，3个月以上为40%。

资料来源：国家金融监督管理总局。

表11　第二档商业银行财务公司承兑汇票及商业承兑汇票风险暴露权重

文件	承兑业务	直贴业务	转贴现业务
试行办法	—	风险权重100%。	若贴现人为商业银行，则原始期限3个月以内（含），票据的风险权重为20%，3个月以上为25%；若贴现人为商业银行以外的金融机构，风险权重为100%。
资本新规	—	财票风险权重100%；商票风险权重：一般公司100%，投资级公司75%，中小企业85%，小微企业75%。	若贴现人为商业银行，则原始期限3个月以内（含），票据的风险权重为20%，3个月以上为40%。 若贴现人为商业银行以外的金融机构，风险权重为100%。

资料来源：国家金融监督管理总局。

表12　第三档商业银行银行承兑汇票票据业务风险暴露权重

银行承兑汇票			
文件	承兑业务	直贴业务	转贴现业务
试行办法	100%信用转换系数；风险权重100%。	原始期限3个月以内（含），票据的风险权重为20%，3个月以上为25%。	原始期限3个月以内（含），票据的风险权重为20%，3个月以上为25%。
资本新规	100%信用转换系数；根据出票人类型不同，风险权重如下：本地公司小微企业（大额）85%，本地公司小微企业（小额）60%，本地公司小微企业（其他）75%，本地其他公司（大额）120%，异地公司150%。	风险权重30%。	风险权重30%。

资料来源：国家金融监督管理总局。

表13　第三档商业银行财务公司承兑汇票及商业承兑汇票风险暴露权重

财务公司承兑汇票及商业承兑汇票			
文件	承兑业务	直贴业务	转贴现业务
试行办法	—	风险权重100%。	若贴现人为商业银行，则原始期限3个月以内（含），票据的风险权重为20%，3个月以上为25%。若贴现人为商业银行以外的金融机构，风险权重为100%。
资本新规	—	财票风险权重100%；商票风险权重如下：本地公司小微企业（大额）85%，本地公司小微企业（小额）60%，本地公司小微企业（其他）75%，本地其他公司（大额）120%，本地其他公司（其他）100%，异地公司：150%。	若贴现人为银行，风险权重为30%；其他金融机构贴现则为100%。

资料来源：国家金融监督管理总局。

目前，仅有中国银行、工商银行、农业银行、建设银行、交通银行、招商银行这6家银行采用内评法来计算信用风险加权资产，根据资本新规票据业务相关的内评法规则有以下几条。

1. 计算信用风险暴露的相关性（R）

（1）主权风险暴露、专业贷款、一般公司风险暴露。

$$R = 0.12 \times \frac{1 - \dfrac{1}{e^{(50 \times PD)}}}{1 - \dfrac{1}{e^{50}}} + 0.24 \times \left[1 - \frac{1 - \dfrac{1}{e^{(50 \times PD)}}}{1 - \dfrac{1}{e^{50}}} \right]$$

（2）金融机构风险暴露。

$$R_{FI1} = 1.25 \times \left\{ 0.12 \times \frac{1 - \dfrac{1}{e^{(50 \times PD)}}}{1 - \dfrac{1}{e^{50}}} + 0.24 \times \left[1 - \frac{1 - \dfrac{1}{e^{(50 \times PD)}}}{1 - \dfrac{1}{e^{50}}} \right] \right\}$$

其中，除全球系统重要性银行、我国系统重要性银行、其他国家或地区系统重要性银行之外的银行类金融机构风险暴露：

$$R_{FI2} = 0.12 \times \frac{1 - \dfrac{1}{e^{(50 \times PD)}}}{1 - \dfrac{1}{e^{50}}} + 0.24 \times \left[1 - \frac{1 - \dfrac{1}{e^{(50 \times PD)}}}{1 - \dfrac{1}{e^{50}}} \right]$$

（3）中小企业风险暴露。

$$R_{SME} = 0.12 \times \left[\frac{1 - \dfrac{1}{e^{(50 \times PD)}}}{1 - \dfrac{1}{e^{50}}} \right] + 0.24 \times \left[1 - \frac{1 - \dfrac{1}{e^{(50 \times PD)}}}{1 - \dfrac{1}{e^{50}}} \right] \right\} - 0.04 \times \left(1 - \frac{S-3}{27} \right)$$

S 为中小企业近3年营业收入的算术平均值（单位为千万元人民币），低于3千万元人民币的按照3千万元人民币来计算。

$$R_{r3} = 0.03 \times \frac{1 - \dfrac{1}{e^{(35 \times PD)}}}{1 - \dfrac{1}{e^{35}}} + 0.16 \times \left[1 - \frac{1 - \dfrac{1}{e^{(35 \times PD)}}}{1 - \dfrac{1}{e^{35}}} \right]$$

2. 计算期限调整因子（b）

$$b = [\, 0.11852 - 0.05478 \times \ln(PD) \,]^2$$

3. 计算信用风险暴露的资本要求（K）

（1）非零售风险暴露。

$$K = \left[LGD \times N \left(\sqrt{\frac{1}{1-R}} \times G(PD) + \sqrt{\frac{R}{1-R}} \times G(0.999) \right) - PD \times LGD \right] \times$$

$$\left\{ \frac{1}{1 - 1.5 \times b} \times \left[1 + (M - 2.5) \times b \right] \right\}$$

（2）零售风险暴露。

$$K = LGD \times N \left[\sqrt{\frac{1}{1-R}} \times G(PD) + \sqrt{\frac{R}{1-R}} \times G(0.999) \right] - PD \times LGD$$

4. 计算信用风险暴露的风险加权资产（RWA）

$$RWA = K \times 12.5 \times EAD$$

（二）资本新规下票据业务影响实证测算分析

截至2022年末，全市场票据持仓余额为13万亿元，其中持仓余额中国有/政策性银行和股份制商业银行交易积极，两者合计超过59%；承兑余额19万亿元，国股行占比51.9%（见表14）。

表14　2022年持仓分布

	12月底余额（亿元）	占比（%）
国有/政策性银行	47068.74	36.20
股份制商业银行	30539.59	23.49
外资银行	541.39	0.42
城市商业银行	22313.01	17.16
农村金融机构	27751.91	21.34
财务公司	1745.08	1.34
其他	64.4	0.05
合计	130024.12	100

资料来源：上海票据交易所。

　　根据到期量测算每月新增承兑汇票的期限分布情况，测算思路是假定每个月承兑发生额的期限结构不变，则M月的承兑到期量应等于（M−1）月1M票据承兑发生额＋（M−2）月2M票据承兑发生额＋…＋（M−12）月1Y票据承兑发生额之和。即问题可以简化为一个多重线性回归函数：目标变量是当月的承兑到期额，解释变量是前12个月的票据承兑发生额，拟合所得系数即为各期限的占比（见表15）。

表15　承兑发生额中各期限占比测算分析

单位：%

期限（M）	线性回归	Lasso算法
12（1Y）	63	59
11	14	6
10	0	0
9	0	0
8	−8	0
7	−1	0
6	34	26
5	8	0
4	2	0
3	8	6
2	9	3
1	6	0

资料来源：上海票据交易所、国海证券。

　　根据票据新规自2023年1月1日起，票据承兑期限只能为6M及以内，6M以上期限票据不予开立，按照SCRA法，没有数据就是顶格，自动纳入6M。

　　风险加权资产（RWA）＝信用风险加权资产＋市场风险加权资产＋操作风险加权资产，其中信用风险加权资产占比最高，信用风险由表内外各项资产的信用风险和交易对手信用风险构成。

　　操作风险和市场风险加权资产主要计量方式分别为基本指标法和标准法。根据资本新规，银行可采用基本指标法、标准法和高级计量法计量操作风险加权资产，目前我国多数商业银行采用基本指标法进行计量，主要是以过去3年总收入为基础按照监管规定的公式进行计量。市场风险加权资产可采用标准法和内部模型法进行计量，除国有银行和招商银行外，国内其他银行均采用标准法计量，按监管要求分别计量利率风险、汇率风险、商品风险和股票风险的资本要求，并单独计量以各类风险为基础的期权风险的资本要求。

信用风险加权资产主要根据权重法计量。根据资本新规，商业银行可以采用权重法或内部评级法计量信用风险加权资产。目前仅国有银行和招商银行采用内部评级法计算风险权重，其他商业银行均采用权重法计量。2022年末银行信用风险加权资产占比达到风险加权资产（RWA）的93%。

资本充足率 =（总资本 − 对应资本扣减项）/ 风险加权资产 × 100%

核心一级资本充足率 =（核心一级资本 − 对应资本扣减项）/ 风险加权资产 × 100%

一级资本充足率 =（一级资本 − 对应资本扣减项）/ 风险加权资产 × 100%

已知2022年末全部商业银行加总的资本净额29.62万亿元，风险加权资产195.25万亿元，商业银行票据资产的持仓总额13万亿元，前述回归模型推算得出3M及以下占比为9%，3M以上占比为91%。因信用风险资产占比超过90%，故仅考虑信用加权风险资产的变动，未考虑市场风险和操作风险的变化；假设所有商业银行均采用权重法来计算资本充足率，从前面银行分级表中可以看出，当前票据业务主要集中在A级银行，其他占比较小，对测算结果影响很小，可忽略不计，按照资本新规要求，3M及以下票据资产风险权重不变，3M以上票据资产风险权重由25%变为40%，可以通过计算整体商业银行资本充足率的变动幅度来判断影响的大小，其中变动前的资本充足率数据来源于2022年第四季度银行业主要监管指标数据（见表16）。

表16　资本充足率总体变化情况

分类	资本充足率变动情况		
	变动前（%）	变动后（%）	差值（BP）
总资本	15.17	14.97	−2.0
一级资本	12.30	12.24	−1.75
核心一级资本	10.74	10.72	−1.43

资料来源：Wind、国家金融监督管理总局。

已知各类型金融机构票据持仓规模，同样假设所有商业银行均采用权重法来计算资本充足率，且仅考虑信用加权风险资产的变动，未考虑市场风险和操作风险的变化，其中3M及以下票据资产占比9%，其风险权重不变，3M以上票据资产占比91%，其风险权重由25%变为40%。因外资银行、财务公司其他票据持仓占比很小，变化范围也很小，可忽略不计，我们可以通过计算各类型商业银行资本充足率的变动幅度来判断影响的大小（见表17）。

表17　各类型银行资本充足率降低范围

单位：BP

分类	资本充足率降低范围		
	核心一级资本	一级资本	总资本
国有/政策性银行	-1.41	-1.73	-2.05
股份制商业银行	-1.45	-1.79	-2.13
城市商业银行	-2.07	-2.36	-2.78
农村金融机构	-2.37	-2.64	-3.01

资料来源：Wind、国家金融监督管理总局。

测算结果显示，市场上的主要交易商国股银行的资本充足率受票据风险权重变化的影响有限，预计票据业务需求走弱的可能性较低。

（三）票据业务资本成本调整空间测算分析

贷款定价公式中的资本成本 = 风险权重 × 资本转换系数 × 资本成本率

假设资本转换系数为最低资本充足率要求10.5%，资本成本率为各银行要求的最低资本回报率，可以理解为某项业务占用资本所需付出的价格，一般结合全行权益融资成本与债务成本综合设定，本部分简化为2022年年报中上市银行平均净资产收益率（ROE）水平9.84%，因3M及以内票据风险权重不变，评级为第三档的商业银行占比仅为0.3%，当前票据业务主要集中在A级银行，故其他测算时忽略不计，通过测算得出，仅因计量规则变化，部分产品即能释放较多定价调整空间（见表18）。

表18　票据业务资本成本变化调整空间测算

单位：%

产品分类	试行办法计量标准	资本新规计量标准	资本成本（调整前）	资本成本（调整后）	资本成本变化带来定价调整变化
商票直贴	100	75~100	1.03	0.77~1.03	0~26BP
银票直贴/转贴现	25	40	0.26	0.41	−15BP
买入返售	25	40	0.26	0.41	−15BP

资料来源：Wind、国家金融监督管理总局。

从表18可以看出，资本新规下市场上90%以上银票直/转贴业务成本提升15BP，票据买入返售业务押品缓释效用降低，成本也略有抬升，商票直贴风险权重同企业贷款，对于优质的投资级企业成本下调26BP，体现了国家宏观层面鼓励银行加大对"投资级"企业、中小微企业客群贷款投放的政策导向。

五、总结与展望

（一）增强风险加权资产计量的敏感性、稳健票据市场发展

资本新规构建差异化的资本监管体系，按照银行间的业务规模和风险差异，划分为三档银行，匹配不同的资本监管方案。信用风险方面，在权重法下，银行对不同档次银行适用不同的风险权重。从需求端来看，在差异化监管资本的约束下，银行办理承兑汇票的贴现或转贴现，在其他条件相同的情况下，更倾向于选择A或A+（如有）等级相对较高的银行承兑的汇票，对于B类银行承兑汇票，贴现行或转贴现行则可能会增加风险缓释等工具，减少风险权重调增后所带来的消极影响，但这可能会增加B级银行承兑汇票在市场上的流通成本。对于等级更低的C级银行的承兑汇票，由于其风险权重高达150%，银行办理贴现和转贴现会更加谨慎，甚至不排除有些银行将此类承兑汇票列入禁入范围，但总体票据业务风险权重的变动对商业银行资本充足率的影响有限，不会造成银行对票据的大量抛售。

从供给端来看，资本新规一方面结构性地降低了银票承兑业务的风险权重，鼓励银行为投资级公司、中小微企业等办理银票承兑业务，增加票据承兑供给，以缓解投资级公司与中小微企业的资金支付矛盾；同时，结构性上调了银票直贴和转贴现的风

45

险权重，增加了银行"以票充贷"的成本，减少需求。另一方面，体现了监管约束同业空转、引导回归实体本源的思路；同时，调整供需两侧，让票据市场的供需关系恢复平衡，推动票据价格回归资产的内在价值。此外，资本新规将与贸易直接相关基于服务贸易的国内信用证的信用转换系数由100%调低至50%，或利好国内信用证业务，短期内票据市场发展承压。但对于我国大多数银行来说，本身拥有足够资本储备盈余，目前的票据市场存量完全能够满足资本新规的监管标准，磨合期过后，预计未来的供给端将保持平稳发展。

（二）优化资产结构和业务结构，强化风险管理

在资本监管"指挥棒"的引导下，银行必然会对其票据贴现和转贴现的交易对手银行的档次进行考量，并适当调整业务发展及风险管理模式。原先仅给小微企业75%的权重优惠，其他企业均为100%，但资本新规根据企业的具体情况，再细分不同企业类型，分别适用75%、85%和100%的风险权重。这也必然会引导银行更加积极地为中小微企业等政策支持的客户提供承兑等融资服务。这对缓解中小企业融资难有重要意义。

资本新规通过强化资本约束，引导银行调整业务结构，并对银行风险管理提出要求。银行应制定有效的流程、制度和措施，及时、充分地掌握客户风险变化，确保风险权重的适用性和审慎性。此外，根据资本新规，银行应当通过公开渠道，以简明清晰、通俗易懂的方式向投资者和社会公众披露第三支柱信息，确保信息披露的集中性、可获得性和公开性。银行信息披露的详尽程度应与银行的业务复杂度相匹配。上述要求对银行在"真实、合规"原则下办理票据业务，防范票据业务风险，具有重要的指导意义。

2023年前三季度票据市场运行情况回顾与市场展望

■ 中国工商银行票据营业部管理信息部

摘　要：2023年前三季度，经济运行总体恢复下年中有所波动，央行加大逆周期政策调控，保持流动性合理宽裕，金融机构统筹开展信贷业务和票据融资业务，票据承兑和贴现业务同比增长且第三季度环比进一步回暖，票据融资规模和票贷比连续回落后企稳回升；银行间票据交易活跃，票据回购交易受到市场青睐。同期，票据利率第一季度回升后4-8月回落震荡探底，9月票据利率反弹。前三季度多数时段票据收益率与同业存单收益率倒挂，自第二季度以来票据与同业存单收益率倒挂利差扩大。下阶段，逆周期政策加快落地显效和经济加快恢复，将有助于提升中小企业票据需求，同时票据期限缩短或促进企业签票积极性。信贷需求改善，存量房贷利率调降后加大银行净息差提升压力，票贷比高位下银行票据配置趋向谨慎。信贷回暖和年末银行追求信贷高收益和改善净息差，叠加年末效应票据利率反弹涨升概率较大。

关键词：商业汇票；贴现；承兑；贴现利率

一、票据市场运行情况回顾

（一）票据业务总体情况

2023年前三季度，在经济总体恢复向好和宏观形势仍较为复杂的背景下，央行坚持稳健的货币政策，保障流动性合理宽裕，年中加大逆周期政策调控力度，引导信贷支持实体经济企稳运行。同期，银行加大信贷投放和统筹开展票据融资业务，前三季度汇票承兑业务和贴现业务同比双双增长，且第三季度承兑和贴现业务环比进一步回暖。同期，在流动性合理宽裕和票据承兑贴现业务增长的市场环境下，银行间票据交易活跃，逆回购交易受到市场青睐。2023年，由银保监会和人民银行联合修订发布的《商业汇票承兑、贴现和再贴现管理办法》（以下简称票据新规）正式实施，国有银行商业汇票承兑业务增幅领先，中小金融机构承兑业务回归稳健。票交所进一步推动信息披露制度建设完善，承兑持续违约企业数据整体下降，但年中经济波动下承兑逾期企业数量比低点有所反弹。

1. 前三季度承兑和贴现业务双增，第三季度承兑和贴现业务增速加快

2023年前三季度，在经济形势较为复杂和央行加大逆周期调节力度、保持流动性合理宽裕的背景下，银行统筹信贷和票据业务经营，合理满足实体经济票据业务需求，汇票承兑和贴现业务均同比小幅增长。根据上海票据交易所披露数据（下同，另有注明的除外），前三季度，全市场汇票承兑额21.1万亿元，同比增长约3.2%；贴现额15.59万亿元，同比增长6.6%。第三季度，经济恢复发展出现波动，国家加大逆周期政策调控力度，同时票据新规下票据期限缩短使年中到期票据量增加，企业签票需求上升，金融机构加大票据业务力度，承兑和贴现业务相比上半年均进一步回暖。第三季度，全市场汇票承兑额8.69万亿元，同比和环比分别增长约36.4%和32.5%；贴现额6.65万亿元，同比和环比分别增长51.4%和31.8%。同期，第三季度贴现业务前高后低运行，贴现承兑比高位回落，9月贴现承兑比为70.29%，比6月同比和环比分别下降6.84BP和6.18BP。

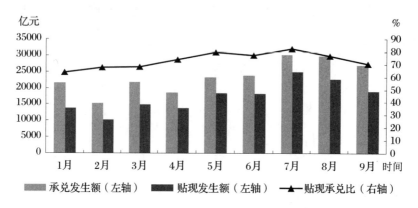

图1 2023年第三季度承兑、贴现业务环比增长，贴现承兑比高位回落

2. 国有银行承兑业务增速跃居首位，财票和商票承兑业务分化

2023年，票据新规正式实施，规定银票和财票承兑人最高承兑规模不得高于该承兑人总资产的15%、承兑保证金不超过存款总额的10%，中小银行承兑汇票业务更趋谨慎，国有银行承兑业务获得更多市场空间。前三季度，国有/政策性银行承兑量4.42万亿元，同比增长17.9%；股份制银行和城商行承兑量分别为8.15万亿元和4.57万亿元，同比分别增长0.44%和2.85%。同期，受经济恢复进程中不同类型用票行业企业恢复情况的差异影响，财票和商票市场表现有所分化。前三季度财票承兑额1.45亿元，同比增长119%。因受益于大型集团企业恢复好于整体经济，集团企业财务公司签票回暖。商票承兑额1.37万亿元，同比下降43%。主因或在于受部分行业恢复较缓，主要是近年来商票使用较为集中的房地产上下游行业恢复不及预期，且票据新规对商票承兑人信息披露更趋严格，市场机构对商票交易更加谨慎。同期，受国家对农业农村发展加大金融支持，农村金融机构承兑汇票业务金额达9595亿元，同比增幅10.1%，增幅快于股份制银行和城商行承兑业务同期增速。

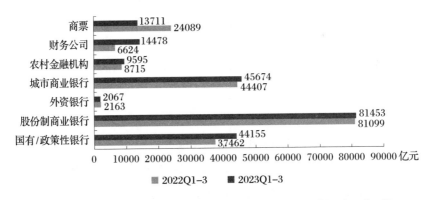

图2 国有/政策性银行承兑额增幅居首，财票和商票承兑额同比一升一降

3. 票据融资规模上半年先升后降，第三季度波动增长，票贷比高位回落后震荡运行

2023年前三季度，经济总体恢复和年中波动的背景下，主要商业银行根据信贷需求变化统筹票据融资业务经营。上半年，在经济总体恢复发展和流动性宽裕的背景下，商业银行着力经营信贷业务和适度开展票据融资业务，票据融资规模波动减少。第三季度，在经济恢复形势复杂和逆周期政策调节力度加大的背景下，银行加大贴现业务支撑信贷投放，票据承兑和贴现业务增速快于第二季度，贴现贷款比回升，7月和8月票据融资规模连续两个月回升，9月信贷回暖下票据融资规模回落，减缓了第三

季度整体增幅。根据人民银行披露的金融数据，截至9月末，票据融资规模12.47万亿元，比上年末下降3355亿元，降幅2.6%；其中上半年票据融资规模合计减少8924亿元，降幅6.97%。7月和8月票据融资分别增长3597亿元和3472亿元，票据融资连续两个月增长后升至年内高位，9月票据融资下降1500亿元，第三季度票据融资合计增长5569亿元，增幅4.67%。票据融资在各项贷款中占比年初首月最高位的5.64%为5.32%，后回落至6月最低位的5.17%，第三季度票据融资规模增长推动票贷比震荡回升至9月末的5.23%，分别比上年末和6月末下降0.67BP和上升0.05BP。

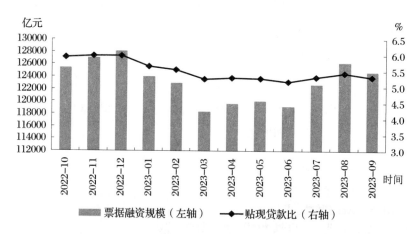

图3 票据融资先升后降，第三季度波动增长，票贷比高位回落后平缓运行

4.票据交易持续回暖，回购交易受到市场青睐

前三季度，在流动性合理宽裕的市场环境下，银行间票据交易活跃度整体回升，全市场票据交易额52.72万亿元，同比增长2.99亿元，增幅为6%。分季度看，第一季度银行集中使用信贷资金，票据交易同比回落，全市场票据交易额14.08万亿元，同比下降8220亿元，降幅5.5%。第二季度，在信贷增速回落背景下，银行加大票据交易，票据交易环比升温，第二季度票据交易额18.95万亿元，同比增长1.22万亿元（6.9%），环比增长4.88亿元（34.6%）。第三季度，在央行加大逆周期调控政策力度和改善流动性的背景下，银行加大转贴现票据交易，票据交易延续回暖；第三季度票据交易额19.7万亿元，同比和环比分别增长15.1%和3.9%。自2023年以来，在信贷回暖和流动性合理宽裕的市场环境下，银行青睐票据回购交易。前三季度，票据转贴现交易额27.6万亿元和回购交易额25.12万亿元，回购交易额同比增长9.03%，增幅快于全部交易增

速约3.03BP，在全部交易额中占比达47.65%，其中质押式回购交易额23.83万亿元，同比增长11.3%，占回购交易额比重近95%。第三季度，银行更倾向于开展转贴现交易，票据回购交易额8.76万亿元，同比下降约3.4%，环比减少4.74%。

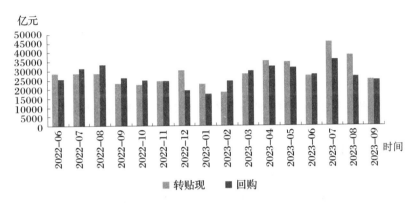

图4　2023年第三季度票据交易活跃度高于上半年，票据回购交易环比下降

（二）票据利率运行情况

1.票据贴现月平均利率"N"形走势，票据回购利率涨幅大于贴现和转贴现利率

2023年前三季度，在市场流动性合理宽裕的背景下，票据贴现利率受信贷投放的牵引作用较为明显，呈现第一季度回升、中间回落震荡探底和9月反弹的"N"形走势。第一季度，在经济恢复预期高涨和流动性宽裕的背景下，银行加大信贷投放力度，票据业务放缓，贴现利率自上年末低点持续反弹，3月银票贴现月平均利率2.5833%，比上年12月涨升112.53BP。自第二季度以来，经济恢复动力减弱和贷款需求增速放缓，银行加大票据贴现业务，贴现利率震荡回落，贴现月平均利率震荡下跌，8月银票贴现月平均利率跌至1.2973%的年内低点，分别比上年12月和3月下跌16.07BP和128.6BP。9月，央行加大逆周期政策调节下，银行再次加大信贷投放力度，当月银票月平均利率回升至1.6255%，比上年12月回升16.75BP，环比回升32.82BP。

同期，转贴现月平均利率走势与贴现利率较为一致，9月银票月平均转贴现利率1.601%，分别比上年12月涨升36.42BP，环比涨升36BP，同期涨幅高于银票贴现业务月平均利率涨幅。回购交易利率上半年跌幅小于贴现和转贴现利率，且第三季度反弹时点提前至8月，9月银票月平均回购利率1.9966%，比上年末涨升59.79BP，年内回升幅度比银票贴现业务月平均利率高43.04BP，比银票转贴现交易月平均利率高出23.27BP。

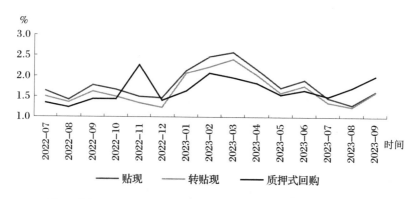

图5 票据利率呈现"N"形走势，回购利率涨幅大于贴现利率

2. 转贴现利率涨升回落后区间震荡加剧，第三季度转贴现利率两次探底后回升

前三季度，票据转贴现利率受信贷业务牵引作用较强，呈现出第一季度涨升回落后震荡运行，第三季度转贴现利率震荡加剧和多次探底后9月反弹的走势。第一季度，在经济总体恢复和信贷集中投放的市场环境下，票据转贴现利率于1月反弹回升，2月略作调整后3月冲高至阶段高点，1个月和半年国股银票转贴现利率分别升至3.5286%和2.5944%的年内高点。自第二季度以来，经济短期波动下信贷增速回落，银行加大票据业务运作调节信贷规模，票据转贴现利率从高位回落后区间震荡加剧，7月末和8月下旬，余期为1个月的国股银票转贴现利率跌至0.1%下方的阶段底部，其间余期分别为1个月和半年的国股银票转贴现利率最大振幅分别为348BP和157BP。9月，经济运行改善下信贷回暖，叠加季末效应的作用下转贴现利率回升，1个月和半年期国股银票转贴现利率分别回升至2.7631%和1.5919%，比7月低点分别涨升271.6BP和56.38BP。

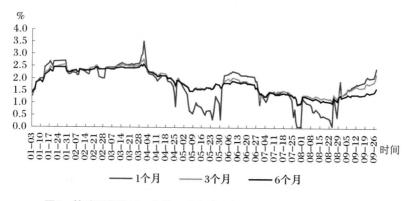

图6 转贴现利率2023年第一季度涨升中间震荡多次探底后9月反弹

3. 城商银票与国股银票价差波幅第二季度收窄，第三季度扩大

自2023年以来，受经济恢复进程和金融机构对票据需求的变化等因素影响，城商银票与国股银票收益率价差呈现先收窄再扩大的运行格局。第一季度，在经济延续恢复和流动性合理宽裕的背景下，银行在集中信贷投放阶段对票据需求下降，城商银票与国股银票收益率的价差相对稳定，除春节期间和季度末时点外，其他时段总体维持10~18BP震荡。4-7月，贷款需求减弱促使银行提升配置票据的意愿，加大了对城商银票的需求，城商银票交易的活跃度较第一季度上升，带动国股银票与城商银票的价差较第一季度收窄，第二季度除季度末时点外的其他时段，半年城商银票和国股银票收益率价差维持在11~15BP，两者价差波幅区间较第一季度收窄约4BP。8-9月，经济运行改善下信贷需求改善，银行再度放缓票据贴现业务，城商银票交易活跃度有所降低，城商银票贴现利率升幅大于国股银票，城商银票与国股银票收益率价差波幅再次扩大至10~18BP。

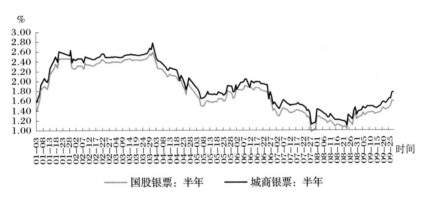

图7 国股银票与城商银票收益率价差第二季度收窄，第三季度扩大

4. 票据与同业存单收益率倒挂幅度先收窄后扩大，收益率倒挂幅度整体收窄

2023年前三季度，在流动性合理宽裕的背景下，国债和同业存单收益率总体呈现平稳缓升走势。9月末，半年期国债收益率报收于2.2395%，比上年末涨升15.97BP；半年期AAA级同业存单收益率报收于2.4475%，比上年末微升5.26BP。同期，半年国股银票转贴现收益率收报1.6049%，其间涨幅约24.75BP。从半年期国股银票收益率与同期限AAA级同业存单收益率的比较看，第一季度票据贴现收益率小幅涨升，与同业存单收益率价差收窄，甚至多个交易日价差为合理的正值。自第二季度以来，随着经济恢

复波动下信贷需求减弱,银行加大贴现业务补充信贷规模投放不足,票据收益率震荡下行,9月票据利率止跌回升。9月,半年期国股银票与同业存单利率同步上行,涨幅分别为27BP和29BP,收益率价差保持相对稳定。9月末,半年期国股银票收益率约为1.6049%,低于AAA级同业存单收益率的价差约为–84.26BP,比上年末倒挂利差收窄约27.53BP,比6月末扩大约5.71BP,比8月末收窄约10.45BP。

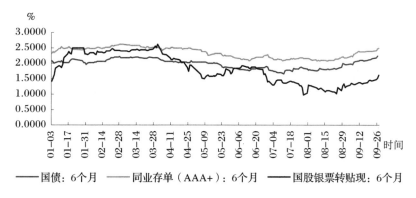

图8 银票与同业存单收益率多数时段倒挂运行

(三)强化承兑人信息披露责任,违约企业数量总体下降但第三季度有所反弹

自2023年以来,票据新规正式实施,进一步强化了承兑人信息披露责任和违规处罚力度,同期票交所依据票据新规对失信承兑人给予暂停相关业务权限,推动市场主体信息披露规范运作。票交所按月披露的逾期企业家数包括持续违约企业家数和首次违约企业家数。因2023年票交所对持续逾期的统计时间口径作了调整,持续逾期的违约企业家数随着时间的推移会因累积效应的影响而上升,不能准确反映当前票据违约企业情况,因此票交所披露的首次逾期的违约企业家数更能准确反映票据信用风险状况。根据票交所披露的信息显示,自2023年以来,持续和首次逾期企业数量均较上年第四季度总体有所下降。上半年,在经济恢复的背景下,持续逾期的违约企业家数和首次逾期的违约企业家数均总体呈现下降走势,持续逾期企业家数除6月外均低于2000家,较上年第四季度平均水平降低约66%;首次违约企业家数除1月外均少于200家,比上年第四季度月均水平降低约55%,其中4月下降至151家为2023年以来最低。值得关注的是,在年中经济恢复波动的背景下,6月以来持续违约企业家数回升至2000家以上且连续4个月超过2000家,9月持续违约企业2723家,比3月的低点1249家增长1474

家；7月首次违约企业家家数回升至426家，8月和9月经济运行改善下首次违约企业家数波动回落，分别为208家和263家，9月首次违约企业家数比低点的3月增长了11家。

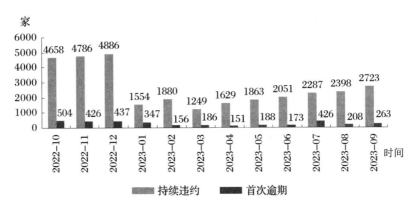

图9　2023年持续违约和首次违约企业数量变化

二、宏观影响因素分析

（一）政策"组合拳"加快落地显效，经济波浪式恢复

自2023年第二季度以来，受内外部经济复杂因素影响，年中我国经济恢复动能不足，中央加大稳增长政策力度，切实稳固经济延续恢复发展。根据国家统计局发布数据，上半年我国GDP同比增长5.5%，比第一季度增速提升1个百分点。7月以来，为支持经济恢复增长，多部门推出系列稳经济"组合拳"落地，如工信部出台加快促进汽车、家居消费等政策，加紧制定实施汽车、电子、钢铁等重点行业稳增长的工作方案；国务院制定实施《关于促进民营经济发展壮大的意见》。其间，央行综合使用逆回购、中期借贷便利（MLF）和降准等政策工具，加大流动性调节力度，引导金融机构加大信贷投放。

国家统计局最新数据显示，第三季度经营运行企稳向好。前三季度我国GDP同比增长5.2%，其中第三季度同比增长4.9%，剔除基数影响的两年平均增速为4.4%，比第二季度增速加快1.1个百分点，环比第二季度增长1.3%，比第二季度增速加快0.8个百分点，表明逆周期调控政策正处于落地显效阶段，各项宏观经济数据显示向好迹象。进出口贸易好于预期。前三季度，进出口总额同比下降0.2%，基本与上年同期持平，表明外部经济波动对国内经济影响得到有效控制。前三季度，固定资产投资同比下降0.6%，但降幅比1–8月收窄0.1BP，民营企业投资信心有所恢复。8月以来，工业和消费增速环比恢复，进出口降幅收窄，居民消费价格（CPI）由降转升，9月CPI环比上涨0.2%，前三季度CPI同比上涨0.4%，工业品出厂价格（PPI）降幅连续三个月收窄，9月PPI同比降幅2.5%，比6月最低点收窄约3个百分点，显示国内市场需求改善，企业利润降幅收窄。9月，企业预期持续改善，前瞻性经济指标制造业采购经理人指数（PMI）为50.2，比上月回升0.5个百分点，重新回到景气区间；非制造业PMI为51.7，比上月回升0.7个百分点，显示制造业回暖，服务业务景气度继续增强。

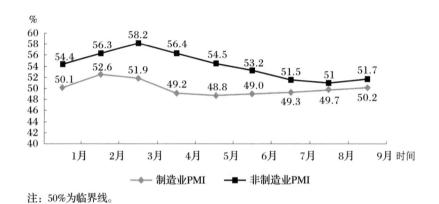

注：50%为临界线。

图10　2023年9月制造业PMI升至景气区间，非制造业PMI延续回升

总体上看，当前我国经济延续恢复，各项稳增长政策正处于落地显效阶段，将推动经济稳固向好。但也应看到，受深层次因素影响，我国经济恢复形势较为复杂，一是民营和小微企业恢复相对缓慢，9月中型和小型企业PMI分别为49.6和48，低于整体PMI50.2，仍位于临界点下方，表明中小型企业生产改善相对滞后；二是房地产市场形势较为复杂拉低投资的作用有待观察，叠加欧美经济显现放缓迹象及地缘政治因素下外贸需求不确定性加大。在上述背景下，下阶段我国经济将呈现出波浪式恢复发展的运行走势。

（二）央行多策改善流动性，货币政策宽松仍有空间

自2023年8月以来，央行主动落实中央关于加大逆周期政策调控的政策要求，采

取多种措施改善市场流动性和加大信贷支持实体经济。9月19日，央行年内第二次全面降准0.25个百分点（不包括已执行5%存款准备金率的机构）。9月中旬以来，央行公开市场操作显现出新特征：一是净投放与净回笼交替出现；二是逆回购操作收短放长，时隔8个月后重启14天逆回购操作。上述政策操作特征表明央行侧重平滑流动性波动性和改善流动性，不搞大水漫灌的强刺激，流动性缩短放长，意在避免短期资金空转和增加中长期信贷资金供给，提升银行中长期信贷投放能力。8月和9月，银行信贷投放明显改善，表明央行逆周期政策调控取得实效，下阶段宏观经济数据大概率延续改善。

总体上看，第四季度公开市场操作到期量较大，叠加地方债置换发行的节奏加快，与银行加大信贷投放形成共振，或将给银行间流动性带来一些压力。我们预计央行仍会加大流动性支持，降准和降息也均存在政策实施的空间。9月央行全面降准后的金融机构加权存款准备金率约为7.4%，此前两次降准中已执行5%存款准备金率的部分机构均保持不变，5%可视为存款准备金率的底线，这也意味着央行仍有降准空间。就降息而言，9月央行保持公开市场政策利率和LPR利率不变，主要因素是多数银行存量房贷利率调降后的净息差收窄，央行降息或更为谨慎。但若银行采取市场化方式降低负债利率和净息差改善，央行仍会根据实体经济恢复和汇率变动情况调节资金利率水平。

三、市场简要展望

（一）经济波动恢复叠加逆周期政策，有助于提升中小企业低成本票据融资需求

7月以来，央行降息、降准和加大流动性调节力度，多部门出台稳增长的政策"组合拳"落地显效，我国经济恢复平稳发展的韧性足，企业签票承兑需求中长期回暖和维持适度增长的确定性较强。从此前多次逆周期政策调控期间的票据市场表现来看，经济增速放缓后回升叠加逆周期政策调控，通常会使票据利率处于低位运行阶段，有利于中小微企业使用票据降低融资成本。同时，受票据新规缩短票据期限的影响，年中以来，票据到期量上升在一定程度上可能会促使企业重新签票，这也是第三季度承兑量环比增长的重要影响因素之一。综合以上因素，下阶段企业用票需求改善

的可能性较大。但在经济恢复波动阶段，企业票据需求也可能不及预期，对金融机构承兑汇票业务产生复杂的影响。在两方面因素叠加影响下，短期企业票据需求仍或波动调整。对此，我们给予风险提示，应高度关注相关恢复进程较慢的行业企业承兑汇票的信用风险，银行开展承兑汇票业务时应结合行业企业恢复状况把控承兑汇票业务的信用风险。

（二）信贷需求改善叠加票据存量高位，机构配置票据相对谨慎

2023年，在经济恢复发展和流动性合理宽裕的背景下，金融机构加大信贷支持，前三季度人民币贷款19.75万亿元，同比多增1.58万亿元；同期票据融资3355亿元。年中随着经济恢复有所波动，信贷增速也有所放缓。7月，新增贷款仅为3459亿元，为2023年以来单月最低，其中住户贷款减少2007亿元。8月，央行在加大流动性支持的同时，也在不同场合多次强调，主要金融机构要担当作为，加大信贷投放力度；国有大行要继续发挥支柱作用。8月和9月，经济改善带动信贷需求回暖，8月和9月新增贷款分别为1.36万亿元和2.31万亿元，相比7月贷款明显改善；其中，8月住户贷款3922亿元，9月住户贷款进一步增长至8729亿元，表明房贷政策改善下住户贷款恢复增长。随着各项稳增长政策落地显效，下阶段信贷需求仍将有所回升。前三季度，票据融资呈现先回落后涨升的运行走势，上半年，票据融资规模合计减少8924亿元；第三季度，银行在经济放缓阶段加大贴现业务，票据融资7–8月合计增长7069亿元，9月经济和信贷双改善下票据融资下降1500亿元，第三季度票据融资整体增长5569亿元，库存票据规模再次回升至阶段高位。9月以来，主要商业银行先后调降存量房贷利率，9月住户贷款明显改善体现出政策的巨大效力。在存量房贷利率调降的背景下，下阶段银行净息差改善压力也有所增大，较高的贴现贷款占比对银行收益和净息差均有不利影响。因此，在信贷需求改善、政策促进信贷投放以及银行提升自身盈利和净息差水平的角度，下阶段主要商业银行票据业务经营或更为谨慎。但考虑到经济恢复必然是一个复杂和波动性的过程，信贷恢复也并非一帆风顺，金融机构也仍会根据信贷市场情况统筹信贷和票据融资业务经营，票据融资将会伴随经济、信贷的波动运行而起伏。同时，考虑到经济恢复仍或有短期波动，且筑底回升期间好的信贷项目竞争激烈，部分银行仍会加大配置票据规模，不同类型银行业机构也会依据自身信贷投放情况和持票仓位加强票据业务经营和优化规模调节作用。

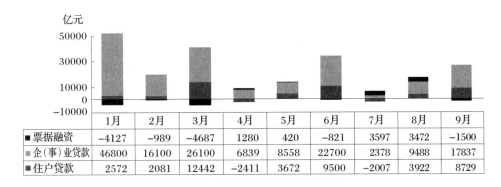

亿元	1月	2月	3月	4月	5月	6月	7月	8月	9月
■ 票据融资	−4127	−989	−4687	1280	420	−821	3597	3472	−1500
■ 企（事）业贷款	46800	16100	26100	6839	8558	22700	2378	9488	17837
■ 住户贷款	2572	2081	12442	−2411	3672	9500	−2007	3922	8729

图11 2023年第三季度信贷投放低位回升，票据融资先增后降

（三）票据利率短期仍将以区间震荡为主，临近年末涨升概率加大

从央行政策利率看，6月以来，央行公开市场操作7天逆回购利率、常备借贷便利（SLF）和MLF利率，以及1年期和5年期LPR均调降10BP。第三季度央行货币政策侧重于加大流动性支持和信贷指导，考虑到美联储年内仍可能加息，我们预计下阶段央行将加大跨流动性调节保持跨年流动性平稳，维持中美基准利率利差相对稳定，促进银行间市场资金利率平稳运行。结合第三季度票据利率震荡明显，表明当前经济金融环境下票据利率仍缺乏大幅涨升的基础，从政策环境看票据利率短期仍将维持当前中枢位置的震荡行情。

8月以来，逆周期政策支持下经济改善带来信贷增长较为明显，下阶段各项政策落地显效仍将推动信贷需求回暖，银行票据业务经营相比前期更加谨慎，银行加大信贷投放将提升贴现业务定价利率。从票据利率本身看，第三季度票据收益率持续低于同业存单收益率运行，使票据贴现利率存在反弹动力，叠加年末效应，票据利率临近年末的反弹回升概率较大。但在当前经济企稳回升阶段，各家银行仍会出于风控和信贷调节需求加大票据业务运作，预计第四季度前期市场活跃度高于年末，其间票据利率区间震荡运行，甚至不排除某个阶段多家银行集中收票带动票据利率大幅度下跌的可能，此前7月和8月的月末均有所出现。

（执笔人 汪办兴）

关于推动商票业务发展的
一些思考

——————————————————————————————｜ ■ 谢晟[1]

发。

摘　要： 我国票据市场以银票为主。随着经济环境的变化，银票利率常年与资金成本倒挂，不仅不利于发挥票据优势支持实体经济发展，同时也给商业银行经营带来压力。因此，推动商票发展不仅是商业银行未来的发展方向，而且符合我国经济发展的需求。但在实际推动过程中，存在诸多困难。本文从一个从业人员视角，揭示推动商票发展中的难题，并以此提出政策建议。

关键词： 商票；实体经济；类票据；商业银行

　　我国现代商业汇票的发展源自20世纪90年代初的"三角债"时期，当时我国尚未形成较为统一的商业信用体系，通过银行信用的引入盘活了企业之间的应收账款，因此，银行承兑汇票（以下简称银票）一直在我国票据市场中占据主要地位。2022年，票据承兑量27.4万亿元，其中，商业承兑汇票（以下简称商票）仅为4万亿元左右[2]。经过三十多年的发展，票据逐渐成为中小企业间重要的支付结算工具，尤其在上海票据交易所（以下简称票交所）成立以后，让票据相较于传统信贷业务及其他供应链产

_____

[1] 作者简介：谢晟，现供职于广州银行金融同业部票据中心。
[2] 上海票据交易所，2021年票据市场发展回顾，2022年。

品而言，在支持中小企业发展方面更具优势，是缓解中小微企业融资难、融资贵问题的重要工具。

随着近些年来我国经济形势的变化，票据业务的发展也受到了一些争议和质疑。一方面，票据利率与资金成本常年倒挂，给商业银行的票据经营带来压力；另一方面，市场行为让票据业务在发展的过程中出现了一些偏离监管政策的现象。因此，近几年，针对票据经营的监管提示函、调研文件频发，但效果并不理想。

商票在一定程度上可以缓解上述问题。一方面，商票的贴现利率较高，可以缓解商业银行的经营压力；另一方面，商票为企业信用，反映了企业贸易的真实业务需求，大力发展商票业务是票据业务回归本源的有效路径。因此，监管层面一直很重视商票的发展。同时，从商业银行经营的角度，拓展商票业务也是未来高质量发展的重要举措。

然而，商票在实际推动中存在着诸多现实问题。本文将以一位从业人员的视角，通过与监管的沟通及企业间的走访等多个维度，阐述商票难以快速发展的原因，在此基础上提出相应的政策建议及经营策略。

一、票据业务优势及存在问题

票据业务不仅受到《票据法》的约束和规范，在票交所成立后，银行信用加上完善的基础设施建设，让票据具有非常强的流动性。票据的强流动性使企业的支付结算非常便利，同时也降低了企业的融资成本，简化了融资手续，但也正是因为这种流动性，让票据市场出现了利率与资金成本倒挂的现象，不利于货币政策的传导。

（一）票据业务优势

票据业务在控制成本、简化手续、风险控制等多个方面都优于传统信贷业务及其他供应链金融产品。

1. 较信贷业务的优势

第一，票据业务较传统信贷业务具有成本优势。票据一头连接实体经济，另一头连接银行间市场，是一个可以快速实现跨界的较为标准化的业务品种，两个市场的连通可以让票据资产获得银行间市场的低成本资金和快速流转资金的支持，让票据业务的资金成本较传统信贷业务更具优势。某些实现了票据直、转一体化经营的商业银行，已经将票据资产跨市场融资成本的优势发挥出来，基本实现票据业务成本与银行间同业拆借利率挂钩。部分银行直接将银行间7天质押式回购利率（DR007）作为票据业务核算的内部资金转移价格（FTP）。自2019年1月至2022年9月，DR007的均值为2.26%，较2022年9月公布的一年期贷款基础利率低了139BP。

第二，票据业务能更好地服务长尾客户，提升中小微企业融资的可得性。中小企业在进行短贷申请的审核时，大多面临财务报表信息缺失、盈利能力不强、资产规模不大、抵押品不足等问题，通过票据中小企业可以共享强信用主体闲置的信用额度，同时，可以通过强信用主体的信用增信降低一些自身的融资成本。在中小企业融资工具较为缺失的当今市场下，票据是中小企业资金融通工具里最规范、基础设施建设最完善的业务品种之一，是解决长尾中小企业融资难、融资贵问题的重要工具。

2. 较其他供应链金融产品的优势

在《票据法》和完备的基础设施的共同作用下，票据较其他供应链金融产品而言，操作风险、信用风险都得到了大幅降低，在很大程度上能保障中小企业的权益。主要体现在以下两个方面。一是票据具有天然确权的功能。根据《票据法》的相关规定，票据具有无因性，即汇票的效力与签发汇票的原因彻底分离，只要汇票具备法定形式和文义性规定就生效，即使签发原因不合法或不存在，汇票法律效力仍然有效。此外，票据的追索规则里，当商业汇票被拒绝付款时，持票人有请求任一前手付款的权利。无因性和追索规则都强化了票据天然确权的特性，省去了其他供应链金融产品的确权环节。二是强化到期兑付，保障持票人利益。现阶段基于电票系统及票交所的业务规则要求，基本采用线上清算模式，强化了对承兑企业到期付款的约束，即票据承兑当天必须进行票款兑付，实现票据状态的结清，否则被视为逾期，将在全国性平台进行披露。这一举措无疑增加了付款人的违约成本，保障了广大中小持票人的权益。

（二）票据发展过程中的问题

即便票据在保障中小企业权益方面的功能强大，但监管对票据的质疑从未停止，同时，银票利率长期与资金成本倒挂，让商业银行以往持有至到期获取票息的经营思路难以为继，只能被迫选择激进的业务模式，增加了金融环境的不确定性。

1. 银票的低利率，偏离了支持实体的初衷

近两年，我国经济环境发生了新的变化，2020年初突发的新冠疫情让我国短时间内实行了较为宽松的货币政策，随后中国经济迅速经历了起伏（任泽平，2021），信贷投放疲软，让票据价格波动的极端情况屡见不鲜。同时，转贴市场的低利率让直贴市场上的套利业务更加疯狂，甚至实体企业也效仿套利行为，造成"有钱不付"的恶性循环。

2. 银票利率长期与资金成本倒挂，给商业银行经营带来压力

2022年，足年国股的票据利率走势呈阶梯式下降，除了季末时点票据利率突破过2%以外，其余时间以1.6%[3]为上限，难以突破。原因在于市场上多数交易者的资金成本在1.5%附近，一旦票据利率突破1.5%，交易者就有建仓的动力，买方需求增加给票据利率上行带来压力。即便如此，1.5%的成本让1.6%的价格也失去吸引力，扣除税费及风险资产后，商业银行的利差甚微，甚至为负，这让以往商业银行持有票据至到期的经营思路难以为继，商业银行在利润考核的压力下，被迫加大票据交易的波段操作力度，让票据利率更加动荡。

因此，如何解决票据市场中这些现存问题，发挥票据业务支持中小企业发展的优势，成为大家关注的焦点。推动商票业务的发展则是一条有效途径，一方面，商票为商业信用，不必通过存入保证金的形式就能签发，即使以存入保证金的形式开立商票，贴现利率也高于银票，难以形成套利空间；另一方面，商票的利率是基于流贷业务的定价逻辑，较高的利差不仅让商业银行有了动力，而且让票据业务回归本源，是商业银行支持实体经济发展的重要工具。因此，大力发展商票业务不仅是商业银行业务高质量转型的方向，更是商业银行践行贯彻国家金融政策精神、支持中小企业发展的重要举措。

二、商票推动中的困难

在监管和商业银行的推动下，2021年商票的市场占有率仅为15.73%，全市场商票

---

[3] 自2023年以来，剔除第一季度票据转贴现价格后，足年国股平均利率为1.60%。

贴现量较少，其原因包括监管层面、企业层面和商业银行层面三个方面。

（一）监管层面

监管部门为保障中小企业利益，出清套利行为，发布了一系列举措和措施，包括设立透明的价格交易平台，推出"贴现通""票付通"等创新产品，对商票要求进行强信息披露机制，将票据期限缩短至半年等，同时，对于贸易背景的审查更加严格，从2021年颁布的《全国法院民商事审判工作会议纪要》到2023年发布的《商业汇票承兑、贴现与再贴现管理办法》，对虚假贸易背景的处罚层层加码。"铁腕"性的规定，让商票市场非常规范，但问题在于监管部门却并没有对"类票据"产品进行规范，未能做到一视同仁，企业在选择金融服务工具时逐渐将对商票的业务需求转换为其他替代产品，包括应收账款电子化凭证、信用证等，这与推动应收账款票据化的政策目标背道而驰。

此外，转贴现市场上对商票贴现行的要求较严，尤其在"包商银行"事件之后，信用级差分化的现象非常明显，同时，商票又很难获得再贴现的支持，即使贴现后的商票流动性也远不及银票，除股份制、大型商业银行以外的商业银行在贴现完商票后难以享受转贴市场上低利率的"红利"。

（二）企业层面

核心企业作为商票的承兑人，在严监管的环境下，对商票的需求在逐年减弱。对于企业而言，强信披意味着更为复杂的手续和极高的违约成本，缩短期限意味着需要更多的财务费用，核心企业签发商票的动力受限，没了商票票源的支持，商票市场难以做大做强。

（三）商业银行层面

一方面，商业银行很多从业人员一提及商票就有"脏乱差"的印象，审批部门对商票业务的审查比照流动性贷款，甚至比流动性贷款的审查还要严格，限制了业务发展。

另一方面，银行在推动商票的时候容易"惯性思维"，以推动银票的思路推动商票往往会偏离商票发展的实际。例如，商票的开票金额与期限都有别于银票，那么商业银行惯性的对贴现量、贴现利润进行考核，容易提出过高的要求，打消经营机构的积极性。

三、商票推动的政策建议

针对上述商票推动的痛点问题，首先需要在业务发展政策上作出相应的调整，同时，商业银行也要转变经营，考核思路，共同作用，发挥合力。

（一）监管层面

监管对票据市场的规范，对建立我国商业信用、保障中小企业合法权利方面有着积极作用，但对于"类票据"市场也需要作出类似的规范，才能堵住政策上的"漏洞"。同时，要加大对商票业务推动的鼓励措施，调动商业银行的积极性，共同推动商票业务发展。

1.一视同仁，规范"类票据"市场

对要求票据市场的具体举措同样也需要对"类票据"市场进行类似的规范。例如，针对"类票据"市场建设统一的信息服务平台，对信息进行监控和管理；对"类票据"产品的期限作出限制，让"类票据"产品与票据处于同等地位，供企业选择；建立强信息披露机制，切断乱象滋生的源头；甚至可以直接从政策制度上要求应收账款票据化，将发展较为成熟的"类票据"市场直接转换为较为规范的票据市场，规范企业之间基于贸易背景的支付结算方式。

2.进一步强化商业汇票信用主体概念，培育商票转贴现市场

对于已贴现的商票，强化商业汇票信用主体的概念，基于贴现行信用情况给予相应的政策支持，尤其是再贴现政策支持。只有在实际操作的政策层面认可了信用主体这一概念，才能逐渐提升转贴现市场上对已贴现商票的认可度，让商票贴现后能够享受转贴现市场低利率的"红利"。此外，可以将商票贴现列入普惠金融的考核范围，既能提升商业银行对商票贴现的动力，又能发挥票据低成本的业务优势，有利于发挥票据支持实体经济的功能。

3. 对于大力推动商票的银行，给予补贴或奖励

商票贴现反映企业的真实业务需求，对于大力推动商票发展的商业银行，监管层面应予以肯定和鼓励。例如，可以在票交所每年度的评奖中设置支持实体企业奖，将商票贴现发生额或者增加额作为评价标准，在全市场范围内予以名誉上的鼓励。还可以对商票贴现的商业银行予以一定的政策补贴，如目前山东省展开了类似的政策支持措施，山东省的商票发展在全国范围内也处于领先水平。

（二）商业银行层面

对于商票推动，商业银行一定要转变惯性思维，重新认识商票目前的现实发展现状及风险逻辑，尤其是业务前端的审批部门。

1. 转变观念，各部门协作梳理商票转化的路径

在现有商业银行授信管理中，短贷的授信额度与商票贴现额度本身存在一种转换关系，但在实际审批的过程中，两种产品的额度共享机制未能打通。其实，商票市场有着更为简便透明的基础设施，流动性远强于信贷资产，强信用传导、强信息披露机制以及可向任一前手追索的规定，也让商票业务较流动性资金贷款业务而言更有利于保障商业银行的利益。因此，出于安全性的角度考虑，审批部门更应当鼓励商票业务的发展，在可以给予流动性资金贷款额度项下，设置流动性资金贷款额度可与商票贴现额度相互转换的制度安排。

2. 科学考核，以夯实客户基础为首要目标

商票本身存在于一个相对割裂的市场，每个客户、行业、区域都有一定的差异，前期推动商票的考核需要更为精细化的设置，要以夯实客户基础为首要目标，淡化业务量和利润等考核指标。

另外，在现行的业务品种中，财务公司承兑汇票既具有银票特征，又具有商票特征，可以成为前期推动商票的基础。第一，财务公司承兑汇票是培育客户的"利器"。财务公司是集团企业中的内部银行，以财务公司承兑汇票为抓手，商业银行可以迅速地开展对集团内企业的营销工作，积累商票客户。第二，集团客户的信用一般较高，在开展的过程中不仅可以很好地控制业务风险，而且申请的财务公司的业务额度属于同业信用，较商票也相对容易。商业银行在推动商票业务的过程中，可以尝试由财务公司承兑汇票开始，逐步推动商票业务发展。

参考文献

[1] 谢晟，王成涛，宋杰，等.从短期贷款到商票：商票市场发展的演变逻辑 [J].金融市场研究，2021（8）：81-87.

[2] 肖小和，李紫薇.双循环格局下的电子商票发展新未来 [EB/OL].（2021-02-21）.https://mp.weixin.qq.com/s/Woz2AWu3JG8Lk_K4rRoAwg.

[3] 任泽平.我们可能处于经济周期从滞胀到衰退阶段 [EB/OL].（2021-08-17）.https://baijiahao.baidu.com/s?id=1708293777234406594&wfr=spider&for=pc.

绿色票据
企业评级实证研究

■ 沈洋　王珂瑶[1]

摘　要: 作为新型绿色金融产品，绿色票据具有成本低、融资便利等特点，既是与中小微企业联系最紧密的金融工具之一，也是助力绿色金融发展的有效利器。如何实现对绿色票据客户的分层分类管理，并有针对性地进行精准营销，同时有效提升绿色票据业务的审查效率，赋能商业银行服务绿色实体经济是当前亟须解决的问题。面对科技赋能金融生态的深度融合数字化转型挑战，商业银行需要针对绿色票据产品构建全面化、智能化、现代化的绿色客户评级体系。本文综合运用知识图谱、自然语言处理（NLP）及逻辑回归等算法，通过企业基本信息、供应链及投资关系、企业关联关系、股权关系及外部评价五个维度分别对企业涉绿程度进行评分，深度刻画企业参与绿色经济的全貌，生成立体式、可量化、可视化的企业绿色画像。从而实现商业银行对绿色票据客户的分层分类管理，并有针对性地进行精准营销，同时有助于优化绿色票据业务流程并提升绿色票据审批审查效率，继而在绿色票据全生命流程实现闭环管理，赋能商业银行服务绿色实体经济。

关键词: 绿色票据；人工智能；知识图谱；NLP；客户画像

---

[1] 作者简介: 沈洋，现供职于中信银行总行金融市场部；王珂瑶，现供职于中信银行总行大数据中心。

一、"双碳"背景下的绿色票据业务现状

在"双碳"政策部署的这一趋势下，我国绿色金融迎来了新的发展机遇。但是，传统绿色产品都呈现出体量小、创新产品少、灵活性低的特点，无法满足绿色企业的融资需求。绿色票据属于新型绿色金融产品，对我国现有的绿色金融市场来说是有益补充，既能进一步激发票据市场活力，提升票据市场服务实体经济的能力，也有利于促进我国绿色金融体系的健全及深化发展。

发展绿色票据有助于推动绿色再贴现业务的发展，引导商业银行信贷从高能耗行业向绿色企业和绿色项目流动，加强银行信贷对绿色经济的支持。同时，加快创新发展绿色票据，有助于深入发挥货币市场优化资源配置、服务实体经济的功能，支持与促进生态文明建设，贯彻落实"双碳"政策。最后，绿色票据可以较好地满足绿色企业的资金支付与短期融资需求，降低绿色企业的短期融资成本，有助于完善绿色产业领域内的多层次融资体系。发展绿色票据是服务实体经济转型的有效方式。绿色票据为实体经济提供全生命周期的融资服务，将助力更加精准地引导资金向绿色产业倾斜，贯彻落实我国的"双碳"政策。依托绿色票据，搭建绿色供应链、产业链，构建起资金运营流转协同便利的绿色企业生态系统，降低企业资金压力，协助企业实现高效发展。

二、"智绘"绿色企业，赋能实体经济

目前，国内尚未建立统一的绿色票据信息披露平台，也缺乏对绿色票据认定的统一管理及评估标准。业界对于有票据融资需求的企业缺乏"绿色"评估工具。强化对绿色票据的认定及评估管理有助于解决认定难题。对企业绿色评级的研究将填补这一空缺，有效帮助商业银行建立适用的绿色票据管理体系。因此，需要借助金融科技手段来形成企业的绿色画像，进一步辅助绿色票据业务服务实体经济。

相较于传统票据业务，绿色票据的绿色企业评级对潜在绿色企业客户挖掘具有重要意义。因此，如何识别绿色企业，精准度量企业主体"绿色"的程度，并制定绿色票据分层管理策略成为重中之重。对绿色票据的研究有助于动态精准营销、拓客活客，不但能够及时识别绿色客户，同时能够及时甄别非绿色企业，让绿色票据在市场中的流转更高效，更好地将绿色票据应用于符合要求的绿色产业上，更好地为有短期

融资需求及支付需求的中小微绿色企业服务，从而确保银行资金更高效地满足绿色企业的融资需求，更好地补充绿色金融体系的空缺，促进国家"双碳"目标的实现。发挥金融科技、大数据在绿色票据价值客户挖掘领域的应用，并建立起动态立体的企业绿色评级与信息统计平台，在准入端就科学识别绿色企业、绿色票据，在事中动态管理、事后排查中及时识别投向绿色领域的资金，并对潜在绿色企业客户进行精准营销，优化绿色票据管理策略，实现绿色票据智能化管理。

三、主要理论概述

本文使用自然语言处理（NLP）中的隐马尔可夫模型（HMM）算法进行文本指标的信息抽取，从中提取出具有绿色特征的NLP指标。通过逻辑回归实现对票据贴现客户的企业客户绿色评级画像的绘制，持续强化对票据客户的绿色评级能力，提升准入环节的绿色企业客户识别能力。

（一）NLP

商业银行沉淀的海量数据资产及其蕴藏的巨大商业价值呈井喷式增长，而其中非结构化的数据逐渐成为推动业务增长的新引擎。在众多层出不穷的新兴技术中，NLP在挖掘非结构化数据上脱颖而出，成为银行数字化场景的一把利器。NLP主要解决计算机语言与自然语言之间的交互问题。NLP的核心任务就是在人类语言构成的非结构化文本信息中，尽可能模拟人类表达及思维方式，并从中挖掘出潜藏的语义、情感信息。NLP主要应用于文本检索、机器翻译、情感分析、信息抽取等技术领域。

（二）HMM算法

HMM是用来描述一个含有隐含未知参数的马尔可夫过程。在NLP的分词任务中，通常使用四位序列标注法（BMES）标记，其中B表示开始（Begin），M表示中间（Mediate），E表示结尾（End），S表示单个字符（Single）。

假设有词序列 $Y = y_1, y_2, \cdots, y_n$，HMM分词的任务就是根据序列 Y 进行推断，得到其标记序列 $X = x_1, x_2, \cdots, x_n$，也就是计算概率 $P(y_1, y_2, \cdots, y_n \mid x_1, x_2, \cdots, x_n)$，根据贝叶斯公式：

$$P(y_1, y_2, \cdots, y_n \mid x_1, x_2, \cdots, x_n) = \frac{P(y_1, y_2, \cdots, y_n, x_1, x_2, \cdots, x_n)}{P(x_1, x_2, \cdots, x_n)}$$

当语料确定时，$P(x_1, x_2, \cdots, x_n)$ 可认为是常数，因此只需要计算 $P(y_1, y_2, \cdots, y_n, x_1, x_2, \cdots, x_n) = P(y_1)P(x_1 \mid y_1)\prod_{i=2}^{n} P(y_i \mid y_{i-1})P(x_i \mid y_i)$，其中，三个概率可以通过以下方式获得。

1. 初始状态概率 $P(y_1)$

统计每个句子开头，序列标记分别为B，S的个数，最后除以总句子的个数，即得到了初始概率矩阵。

2. 状态转移概率 $P(y_i \mid y_{i-1})$

根据语料，统计不同序列状态之间转化的个数，得到一个 4×4 的矩阵，再将矩阵的每个元素除以语料中该标记字的个数，得到状态转移概率矩阵。

3. 输出观测概率 $P(x_i \mid y_i)$

根据语料，统计由某个隐藏状态输出为某个观测状态的个数，得到一个 $4 \times N$ 的矩阵，再将矩阵的每个元素除以语料中该标记字的个数，得到状态转移概率矩阵。

四、绿色企业画像研究实证

基于上述理论研究，本文选取了珠三角、长三角一带申请绿色票据业务的客户作为绿色评级客群，使用NLP分词技术构建绿色企业经营范围、企业地址、业务亮点等NLP指标，并使用知识图谱技术构建企业关联关系及供应链图谱，综合使用多个维度的数据及逻辑回归算法为绿色企业画像的构建提供量化支持。

（一）建模目标

通过综合运用知识图谱、NLP及逻辑回归等算法，通过企业基本信息、供应链及投资关系、企业关联关系、股权关系及外部评价这五个维度分别对企业涉绿程度进行评分，深度刻画企业参与绿色经济的全貌，生成立体式、可量化、可视化的企业绿色画像，实现商业银行对绿色票据客户的分层分类管理，并有针对性地进行精准营销，优化绿色票据业务流程并提升绿色票据审批审查效率，在绿色票据全生命流程实现闭环管理，赋能商业银行服务绿色实体经济。

（二）数据描述

以A银行某业务时间段内票据贴现客户明细为基础数据，选取珠三角、长三角一带申请绿色票据业务的客户作为企业绿色评级客群，将这些客户与企查查等网站获取的工商信息进行匹配，得到其注册资本、所属行业等基本工商信息。

选取人民银行南京分行发布的江苏省绿色企业名录中的1266户企业作为本次绿色评级的绿色样本，同时另随机选取不与绿色样本重复的企业1266户作为灰样本，即未知其是否属于绿色企业。同时，以A银行某业务时间段内票据贴现客户为基础数据，对票据贴现明细中的背书企业进行梳理，共提取贴现1.7万客户作为模型验证数据集。将这些客户与企查查等网站获取的工商信息进行匹配，得到其注册资本、所属行业等基本工商信息。

根据所选数据分别对绿色样本、灰色样本进行打标来构建样本集，绿色样本中的企业打标为"1"，灰色样本中的企业为"0"。

（三）特征筛选

本文共建立5个子模型，分别从企业基本信息、供应链关系、企业关联关系、股权关系和外部评价这五个维度进行评价，不仅对企业主体进行了绿色识别，且对企业的贸易背景进行了绿色识别，最终形成综合绿色评级模型（见表1）。

其中，企业基本信息子模型包含企业概况信息和企业地理位置信息，供应链关系子模型包含供应链信息、公司投资基金信息和直接对外投资信息，企业关联关系包含企业法人信息、企业高管信息、企业实际控制人信息和企业最新工商股东信息，股权关系子模型包含参股子公司信息、持股股东信息、分公司信息、合资方信息、控股子公司信息、母公司信息和全资子公司信息。根据这些信息，本文共构建基础指标582个。

根据绿色企业特征从基础指标集中共筛选出了21个重要指标。例如，经营范围中含"环保""新能源""环境"等字样的企业，关联企业中绿色企业占比较高的企业，供应链上下游中绿色企业占比较高的企业，股权关系中子公司及投资公司中绿色企业占比较高的企业，以及政府奖励和颁发证照与绿色新能源、节能减排、清洁能源等相关。

表1 企业绿色评级模型指标

指标来源	指标名称	指标定义
企业基本信息子模型	企业名称	根据企业名称指标加工的NLP指标
	经营范围	根据企业经营范围指标加工的NLP指标
	所属行业	根据企业所属二级行业加工的NLP指标
	企业地址	根据企业注册地址和企业实际地址加工的NLP指标
	注册资本	企业实缴注册资本
	经营状态	企业当前经营状态
	企业类型	企业所属类型
供应链子模型	供应链绿色企业占比	企业供应链上下游中绿色企业的数目比供应链上下游企业总数目
	公司投资基金绿色企业占比	企业公司投资基金中绿色企业的数目比公司投资基金企业总数目
	直接对外投资绿色企业占比	企业直接对外投资中绿色企业的数目比直接对外投资企业总数目
企业关联关系子模型	法人关联绿色占比	与企业同一法人的其他企业中绿色企业数目比总数目
	高管关联绿色占比	与企业同一高管的其他企业中绿色企业数目比总数目
	实际控制人关联绿色占比	与企业同一实际控制人的其他企业中绿色企业数目比总数目
	股东关联绿色占比	与企业同一股东的其他企业中绿色企业数目比总数目
股权关系子模型	参股子公司绿色企业占比	企业参股子公司中绿色企业的数目比总数目
	持股股东绿色企业占比	企业持股股东中绿色企业的数目比总数目
	分公司绿色企业占比	企业分公司中绿色企业的数目比总数目
	合资方绿色企业占比	企业合资方中绿色企业的数目比总数目
	控股子公司绿色企业占比	企业控股子公司中绿色企业的数目比总数目
	母公司绿色企业占比	企业母公司中绿色企业的数目比总数目
	全资子公司绿色企业占比	企业全资子公司中绿色企业的数目比总数目
外部评价子模型	业务亮点	与企业业务相关的工商奖惩信息
	政府奖励	由政府颁发的与业务相关的奖励
	专项证照	由专业机构颁发的营业证照

资料来源：A银行。

（四）算法选择

本文选择逻辑回归这一可解释性较强的算法进行建模。分别对企业基本信息子模型、供应链及投资关系子模型、企业关联关系子模型、股权关系子模型及外部评价子模型进行建模并计算出这五个维度的得分，最终采用等权重加权的方式得出企业的绿色评级总得分。

（五）模型结果

本文分别对绿色企业、非绿色企业及A银行票据贴现客户进行绿色评级评分，并根据五个维度的评分结果为每个企业绘制了绿色评级五维雷达图。根据可视化的量化的绿色评级五维雷达图，可以更直观地看出绿色企业与非绿色企业的差异（见图1）。

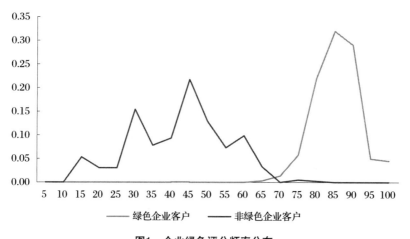

图1　企业绿色评分频率分布

（资料来源：A银行）

根据图1可以直观地看出，绿色企业的得分集中在70～100分，有60%的绿色企业得分都集中在80～90分。而非绿色企业的得分集中在10～65分，且有多个峰值均匀分布在不同的分数段内。由此可见，绿色评级模型对绿色企业的识别能力较为显著。此外，绿色企业与非绿色企业的绿色评级五维雷达图也有直观上的差异。在此基础上，用训练好的绿色评级模型对A银行1.7万户票据贴现企业进行打分（见图2）。

从图2可以看出，A银行绿色企业客群基础较好，该客群占比较高。票据贴现客户在60分和70分存在两处峰值，可进行分层管理、精准营销，有助于银行资金投向更多优质的绿色企业，实现精准滴灌。

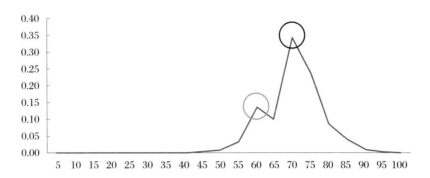

图2 票据贴现企业绿色评分概率分布

（资料来源：A银行）

此外，绿色企业与非绿色企业的绿色评级五维雷达图也有直观上的差异。企业绿色画像，即企业绿色信息标签化，就是商业银行通过收集与分析参与票据业务企业的基本信息、供应链及投资关系、企业关联关系、股权关系及外部评价等主要信息的数据之后，量化地对企业这五个维度的绿色程度进行打分，并通过雷达图可视化地展示出来（见图3）。

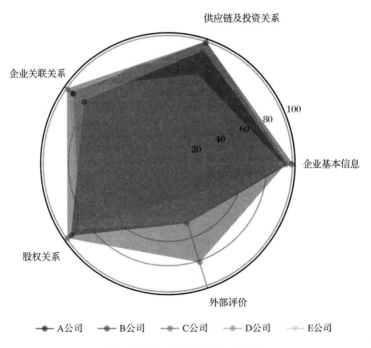

图3 绿色企业绿色评级五维雷达

（资料来源：A银行）

从图3和图4可更直观地看出，绿色企业在绿色评级模型中的五个维度中绿色评分均较高，而非绿色企业在这五个维度中得分均较低。说明绿色评级模型对绿色企业的绿色画像有更立体直观全面的刻画，为商业银行提供了足够的信息基础，能够帮助商业银行快速识别绿色企业并为其进行全生命周期的绿色评级管理。

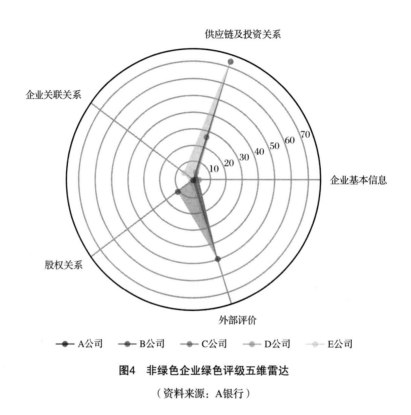

图4　非绿色企业绿色评级五维雷达

（资料来源：A银行）

因此，将绿色评级模型应用在A银行1.7万个贴现客户中，得出每个客户的绿色总评分，并对每个客户进行绿色画像绘制。根据这些客户的得分将企业绿色评分分为三个等级：0~60分为Level 1，在该等级的客户绿色评分较低，基本可纳入非绿色企业的范畴；60~80分为Level 2，该等级的客户绿色评分较高，但需要结合业务实际来判断是否属于绿色票据；80~100分为Level 3，该等级的客户绿色评分最高，其在五个绿色评价维度上的得分均较高，符合绿色企业的特征，可纳入绿色企业范畴（见表2）。

表2　绿色评级

企业评级	对应评分	评级含义
Level 1	0~60分	绿色企业特征不明显
Level 2	60~80分	具备一定绿色企业特征，需结合业务实际进行验证
Level 3	80~100分	绿色企业特征明显，可进行精准营销

资料来源：A银行。

由表2可知，A银行票据贴现客户有82%的客户都分布在Level 2和Level 3，表明A银行票据贴现客户中绿色企业储备足，并能够实现对绿色企业的分层管理与精准滴灌，实现票据资金向绿色产业流动的目的，有效助力绿色企业实体经济发展（见图5至图7）。

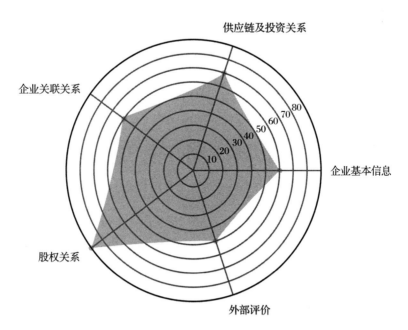

图5　某Level 3企业绿色评级五维雷达

（资料来源：A银行）

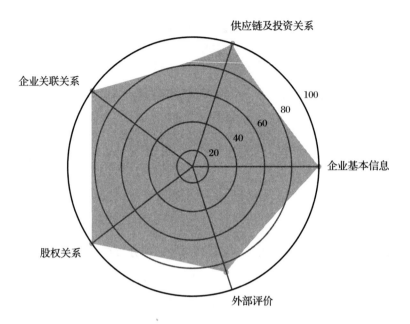

图6 某Level 2企业绿色评级五维雷达

（资料来源：A银行）

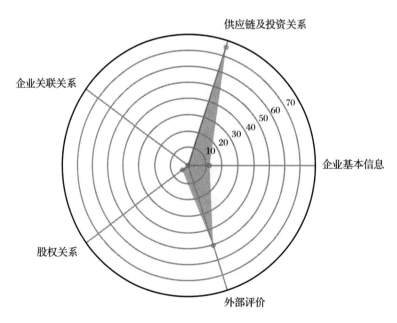

图7 某Level 1企业绿色评级五维雷达

（资料来源：A银行）

由此可见，绿色评级模型不同等级的企业的绿色评分五维雷达图能够直观展示出该企业的绿色程度，为商业银行对绿色票据客户的分层分类管理提出量化依据，并有助于商业银行有针对性地对绿色企业进行精准营销，同时也有助于优化绿色票据业务流程并提升绿色票据审查审批效率，赋能商业银行服务绿色实体经济。

五、结论与展望

以上实践力争为绿色票据的标准化、计量化及可视化提出可行性方案。在企业准入环节，通过"绿色企业评级引擎"实现对贴现客户的实时评分和绿色判别。经营机构可查询客户评分及绿色等级结果，据此对绿色企业作出是否准入的判断。在贷后管理方面，通过"绿色企业评级引擎"完成对绿色企业的统一扫描和定期评级工作，覆盖客户身份信息、涉绿深度、涉绿广度等多个维度，提示分行关注评级分数较高的优质绿色企业客户，并作出相应的业务决策。

参考文献

[1] 陈映雪 . 数字新媒体企业的信用评级方法研究 [J]. 投资与创业，2022，3（9）：45-47.

[2] 应海峰 . 绿色信用评级的发展趋势 [J]. 绿色金融，2022（2）：24-25.

[3] 张宇航，林英杰，广昊天，等 . 科技赋能背景下的票据贴现客户风险画像研究 [J]. 金融科技，2021，81（12）：82-92.

浅析民间新型"电子债权凭证"交易的洗钱风险与防范

■ 黄浩[1]

摘　要： 洗钱问题在电信诈骗案件的阴影下日益凸显其危险性。传统洗钱手法受到监管机构的严密监测，但犯罪分子不断创新，新型洗钱手法逐渐出现。本文通过分析新型电子债权凭证买卖作为一种新兴洗钱手法，揭示其特点和风险，并提出将新型电子债权凭证纳入现有洗钱监测体系，加强对其发展的关注和规范，引导电子债权凭证向电子商业承兑汇票方向发展，避免其被利用作为洗钱新手段，同时加强监管协调，形成合力，促进金融稳定等相应建议。

关键词： 电子债权凭证；洗钱；电子商业承兑汇票；监管

在电信诈骗案件的阴影下，洗钱问题如同一颗定时炸弹，其危害日益凸显。尽管公安机关和金融机构对传统洗钱行为的打击取得了显著的成效，反诈骗系统和反洗钱体系的建立也有效地遏制了传统洗钱行为。但是，犯罪分子的犯罪手法日新月异，新型洗钱手法也逐渐出现。

近期一个典型的案例是某金融平台集团及旗下机构，因违反《反洗钱法》被金融监督管理部门处以巨额罚款，引发了人们对于犯罪分子利用不规范、缺乏监管的新兴金融平台从事洗钱行为的关注。

---

[1] 作者简介：黄浩，现供职于中信银行苏州分行张家港支行。

与此同时，民间"新型电子债权凭证"买卖作为一种迅速发展的领域，正逐渐成为洗钱分子的新型洗钱渠道。本文对这一新兴洗钱行为进行深入剖析，揭示其行为目的和背后隐藏的风险，以期为防范新型洗钱威胁提供参考。

一、新型洗钱犯罪手法分析

（一）传统洗钱手法回顾

传统洗钱手法指在数字化时代之前的洗钱方式，包括以下几类。

现金交易：最常见的洗钱手法之一。洗钱者将非法资金转化为现金，并通过多次小额交易来掩盖资金来源和目的，特点是操作简单、隐蔽性高。

赌博平台：洗钱者利用赌博平台进行洗钱活动，通过虚构的赌博交易和账目来掩盖非法资金的来源和流向，特点是涉及大量小额交易和匿名性高。

地下钱庄：非正规金融机构或个人，通过非法渠道进行资金转移和结算，规避正规金融机构的监管和审查，通常以低费率和快速的资金转移服务吸引客户，利用跨境汇款和虚构交易等手段来进行洗钱活动，特点是操作隐蔽、跨境性强。

皮包公司：虚构的公司或业务，通过虚构的交易和账目来掩盖非法资金的来源和流向。洗钱者通常会注册一家虚假的公司，并通过虚构的交易、发票和账目等手段，将非法资金转移至合法经济活动中，特点是虚假性强、操作灵活。

监管机构通过建立反洗钱监测系统和机制，对这些手法进行监测和分析，以识别和防范洗钱风险。同时，传统洗钱手法的特点也使风险相对可控，监管机构可以通过加强监测和审查，以及加强合规要求和制度建设，来减少洗钱活动的风险和影响。

需要指出的是，随着技术的发展和金融监管的加强，传统洗钱手法的效果逐渐减弱。洗钱活动在不断演变和创新，逐渐采用更加复杂和隐蔽的方式进行。

（二）新型洗钱手法的出现和特点

跳脱监管体系：新型洗钱手法往往能够巧妙地利用现有监管体系的漏洞或盲区，以逃避监管机构的监测和审查。这些手法可能涉及新兴技术、新型金融产品或业务模式，使监管机构难以及时识别和应对。

自建平台：洗钱者通过自行建立或利用一个或多个网络金融平台进行洗钱活动，

利用虚假交易和跨平台操作来掩盖资金的真实来源和流向。他们会借用看似合法的业务进行非法活动。这些平台具备大额交易的能力，并且能够避免现行洗钱监测的范围管控，同时还具备跨平台异步交易的功能。

利用热点话题和概念作为伪装：洗钱者和相关平台常常利用当前的热点话题和概念，如供应链互联网金融等来伪装自己，以此欺骗一些专家、金融机构和具备公信力的组织，让他们为其背书。洗钱者会故意混淆概念，逃避应有的监管，为洗钱活动提供便利和可操作的空间。

技术性复杂：新型洗钱手法通常利用先进的技术手段，如虚拟货币、区块链、加密通信等，使洗钱活动更加隐蔽和难以追踪。这要求监管机构和执法机构不断提升技术能力，以应对洗钱活动的挑战。

需要指出的是，新型洗钱手法的出现和特点是不断变化和演变的，随着技术和金融市场的发展，可能会出现更多新洗钱手法。因此，反洗钱工作需要不断更新和加强，以应对新型洗钱手法的挑战。

二、民间"新型电子债权凭证"买卖案例研究与启示

（一）新型电子债权凭证

新型电子债权凭证指以核心企业应收付账款为标的物发行的一种电子化金融工具。它通过电子化技术，将核心企业与上下游供应链企业之间的应收付账款信息以电子形式记录和传输，实现应收付账款的数字化和可编程性。

新型电子债权凭证的范围主要涵盖核心企业与供应链企业之间的应收付账款。核心企业作为发行方，将自身应收付账款的权益转化为电子债券凭证，并通过自建平台进行发行和管理，而不依赖于具备公信力的政府金融基础设施。这种凭证具备较好的流转性和支付性质。其内核性质与现行的商业汇票运转机理类似，同样具备开立、承兑、收款、背书转让、到期兑付的全套生命周期。持有电子债权凭证的供应商可以根据所持有的电子债权凭证在其相应的平台上进行多级流转。

在新型电子债权凭证的发行和使用过程中，尽管在各平台的官方介绍中并未强制要求供应商及供应链上下游企业接受电子债权凭证，但实际操作中，平台发起机构往往利用核心企业的市场地位，迫使供应商接受这一强制性要求。这种情况对于中小供应商来说，无疑是一种被迫的局面。

需要注意的是，新型电子债权凭证的发展和应用仍处于初级阶段，相关法律法规和监管机制尚需进一步完善。

（二）新型电子债权凭证的运行平台、发展规模和监管盲区

1. 新型电子债权凭证运行平台、发展规模

自2015年起，电子债权凭证发展迅速，平台种类超过300家，业务规模突破万亿元，以深圳比亚迪主导的"迪链"为例，其签发规模已突破4000亿元，接近招商银行2022年末的银票签发量。电子债权凭证平台类型多样，包括核心企业自建平台（如永钢供应链平台、比亚迪"迪链"供应链平台）、金融科技公司三方服务平台（如中企云、TCL简单汇），以及金融机构自建平台（如建设银行的建信）。这些平台由发起企业、金融科技服务公司、金融机构自行搭建，部分接入或不接入人民银行或金融监管统一部署的国家级金融监管统一基础设施。

2. 新型电子债权凭证可能存在的监管盲区

信息披露不强制。新型电子债权凭证由于其运行特点，属于企业、金融科技公司、金融机构自发搭建的"类票据"化产品，并不受制于各级金融监管机构要求的金融工具必须强制公开信息等监管条款限制，因此其具体签发总量、签发规模等信息无须进行信息披露，也无须纳入人民银行统一征信信息管理范畴。

融资便利化。新型电子债权凭证不仅可以依托平台方所提供的保理公司进行融资，甚至可以引入第三方民间买卖债权方式进行直接或间接融资。后者的融资方式，完全游离于现行的金融监管体系范畴之外。

融资贸易背景审核。新型电子债权凭证平台的融资行为缺乏贸易背景审核要求，这是因为平台尚未被纳入现行监管体系。而商业汇票、国内信用证等受法律监管的金融工具不同，要求融资方严格审核相关融资企业的贸易背景。

（三）新型电子债权凭证的买卖方式和洗钱监管体系的跳脱

1. 民间新型电子债权凭证买卖

当前电子债权凭证具备良好的流动性与支付性，平台内活动具备封闭性，存在监管盲区。虽然平台官方融资渠道提供了保理租赁服务，但同时也为民间电子债权买卖"假借支付为名，实际行使电子债权买卖为实"提供了生长空间，存在滥用的可能性。民间电子债权买卖可以在没有真实贸易背景或虚假贸易背景的情况下进行债权转

让，为洗钱活动提供了机会。

2. 新型电子债权洗钱监管体系的跳脱

首先，由于洗钱监管主要关注金融机构的货币活动，供应链平台作为企业自主行为，不在监管重点范围内。其次，电子债权凭证平台由核心企业自行建立，普遍未接入国家金融工具基础设施。再次，平台以发展供应链平台经济为名，制造热点话题，得到地方政府的支持，但缺乏有效的三方监管。最后，新型电子债权凭证技术复杂，结合了区块链、云计算等新兴技术，其运营模式封闭，外界难以了解其技术原理和全貌。为了确保电子债权凭证平台的安全性和透明度，需要加强监管和公开透明。

三、洗钱模式分析

近年来，越来越多的迹象表明，民间新型电子债权凭证买卖正在被不法分子利用，成为新的洗钱方式。新型电子债权凭证具有一定的公允价值认同，全电子化且交易便捷，为跨区域、不见面、互联网交易提供了基础。不法分子利用新型电子债权凭证的特性，通过企业间互相转让、买卖的方式进行洗钱（见图1）。

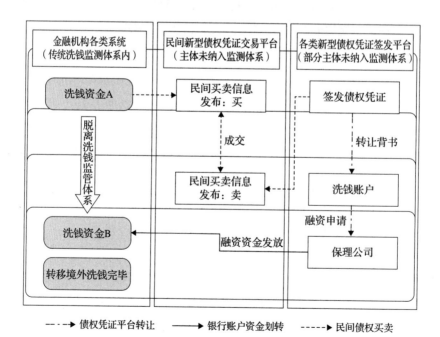

图1 不法分子利用新型电子债权凭证洗钱的交易模式

具体洗钱过程如下：犯罪团伙收到"黑钱"后，通过互联网新型电子债权凭证买卖平台购买一张新型电子债权凭证，然后通过债权平台账户转让（银行资金账户与债权平台账户出现异步处理），再通过融资保理方式或继续卖给民间新型电子债权凭证中介，以便躲避公安与人民银行反洗钱系统的全链条监测。

四、相关法律法规应用与监管要求

新型电子债权凭证平台发起方如为非金融类企业（核心企业自建平台、金融科技公司等），其机构属性与传统被监管的金融机构有所不同，但并不意味着可以逃避反洗钱法律的制约与监管。根据《反洗钱法》和相关规定，新型电子债权凭证平台发起方同样需要遵守反洗钱法律的规定，并纳入非金融机构反洗钱监管范围。

根据《反洗钱法》的规定，非金融机构和个人在经营活动中接受和支付现金，以及其他可能被用于洗钱活动的行为，都受该法约束。尽管新型电子债权凭证平台发起方并非金融机构，但其业务活动可能被用于洗钱，因此仍然需要遵守《反洗钱法》的规定。

根据《反洗钱法》的规定，金融机构和非金融机构都应建立和完善客户身份识别和交易记录保存制度，对客户进行身份识别，并保存客户身份资料和交易记录。新型电子债权凭证平台发起方也应建立和完善这些制度，对客户进行身份识别，并保存客户身份资料和交易记录。

此外，根据中国人民银行发布的《非金融机构反洗钱工作指引》和《非金融机构反洗钱监督管理办法》，新型电子债权凭证平台发起方同样受到反洗钱法律的制约与监管。这些指引和办法明确了非金融机构的定义范围，包括会计师事务所、律师事务所、房地产开发企业、宝石、珠宝、贵金属等行业，以及其他可能存在洗钱风险的行业和机构。新型电子债权凭证平台发起方应根据实际情况，确定自身是否属于非金融机构范围，并遵守相关反洗钱要求。

综上所述，尽管新型电子债权凭证平台发起方属于非金融类企业，但其仍需要遵守反洗钱法律的规定，并按照非金融机构反洗钱的要求进行身份识别、交易记录保存、可疑交易报告等工作。中国人民银行及其派出机构负有对其开展监督管理的义务。

五、思考与建议

新型电子债权凭证面临如下发展挑战。一是发展速度过快。新型电子债权凭证发展势头迅猛，部分平台类规模已超过一些全国性股份制商业银行票据签发余额，这种过快的发展可能导致市场不稳定和潜在风险积聚。二是存在监管漏洞。电子债权凭证市场存在监管盲区，监管范围尚未覆盖，给洗钱活动提供了可乘之机，形成了反洗钱的盲区。三是存在洗钱风险。电子债权凭证的交易特性使其容易被不法分子利用，不法分子通过这一渠道能够脱离监管体系，进行大额资金的洗取。

针对上述问题，反观与电子债权凭证内在机理较为接近的电子商业承兑汇票，其发展道路与监管机理或许能够提供一定的借鉴与参考。随着票据信息披露政策的落实，电子商业承兑汇票的发展更加规范。《票据法》要求电子商业承兑汇票在全生命周期中通过票交所这一基础金融服务设施进行交易。这种做法不仅确保了交易过程有迹可循、有法可依，同时也实现了信息可查、公开透明的特点（见表1）。

表1　各类融资产品披露信息渠道

业务类型	信息披露机构	主管部门与披露渠道
各类表内融资 （贷款、各类票据贴现、信用证议付等银行表内融资）	商业银行	人民银行 征信系统
开立商业承兑汇票	承兑企业 商业银行	上海票据交易所 商票披露平台
各类债券 （公司债、企业债）	承销机构	银行间债券市场 上交所等资本市场
资产证券化 （ABS，ABN等）	管理人 受托人	证监会或发改委 交易所市场 银行间市场
电子债权凭证	无	无

本文有以下建议。

一是引导学习电子商业承兑汇票方向发展。借鉴电子商业承兑汇票的监管经验，建议引导电子债权凭证向电子商业承兑汇票方向发展。这样的转变可以受到《票据法》的约束，确保全生命周期的交易在基础金融服务设施上进行，增加交易的可追溯性和规范性。

二是加强监管体系建设。纳入电子债权凭证到统一基础服务设施服务和监管范围，确保其规范运作。加强与公安部门、人民银行等机构的协调，形成合力，填补反洗钱的监管漏洞。

三是强调合规与透明度。建议电子债权凭证市场应遵循电子商业承兑汇票的信息披露政策，强化合规要求，实现有迹可循、有法可依、信息可查、公开透明的特点。

综上所述，为防范潜在洗钱风险，引导电子债权凭证向电子商业承兑汇票方向发展是当务之急。通过加强监管、规范市场行为，确保金融市场的稳定，避免出现"劣币驱逐良币"的局面。这样的举措有助于新型金融业态的健康发展，维护金融市场的良性秩序。

票据业务争议
若干问题分析

■ 黄庆[1]

摘 要： 无论是票据业务还是其他金融产品服务，相关成文法规不可能对票据市场中纷繁复杂的业务行为进行全面的规定。票据业务主体难免从不同立场和角度对切身利益攸关的部分制度条文产生理解上的分歧和争议，进而寻求司法途径解决争议。票据业务的电子化和系统化，业务新产品的持续创新发展、主体和载体的多元化、交易处理的线上化进一步推动票据业务争议纠纷的复杂化。本文结合近年来票据市场发展情况，监管部门及司法部门对票据业务的关注领域，主要针对票据业务基础交易审查、票据融资业务项下对票据的审查、民间贴现行为效力、票据业务主体、电票票据权利的保全与追索等几个重点问题进行初步分析。

关键词： 票据业务争议；问题；分析

一、票据业务争议总体情况

根据最高人民法院《民事案件案由规定》，票据纠纷分为11类具体案由，包括票

---

[1] 作者简介：黄庆，现供职于中国工商银行票据营业部。

据付款请求权纠纷、票据追索权纠纷、票据交付请求权纠纷、票据返还请求权纠纷、票据损害责任纠纷、票据利益返还请求权纠纷、汇票回单签发请求权纠纷、票据保证纠纷、确认票据无效纠纷、票据代理纠纷、票据回购纠纷。从中国裁判文书网目前公布的票据纠纷裁判文书来看，票据追索权纠纷、票据付款请求权纠纷、票据利益返还请求权纠纷、票据返还请求权纠纷、票据损害责任纠纷数量占比情况基本稳定在前五位。其中，票据追索权纠纷占比超过78%，票据付款请求权纠纷占比将近12%，票据利益返还请求权纠纷占比将近6%，三者合计占比超过95%。具体情况见表1。

表1 中国裁判文书网票据纠纷司法案例占比情况

序号	民事案件诉讼案由	案件数（件）	占比（%）
1	票据追索权纠纷	60792	78.08
2	票据付款请求权纠纷	9061	11.64
3	票据利益返还请求权纠纷	4500	5.78
4	票据返还请求权纠纷	1971	2.53
5	票据损害责任纠纷	1229	1.58
6	票据交付请求权纠纷	99	0.13
7	确认票据无效纠纷	88	0.11
8	票据保证纠纷	74	0.09
9	票据代理纠纷	23	0.03
10	票据回购纠纷	16	0.02
11	汇票回单签发请求权纠纷	10	0.01

资料来源：中国裁判文书网，统计时间为2023年7月22日。

从北大法宝网站收录的票据业务案例来看，各类案由票据业务案件数量的占比情况与表1的统计结果基本一致。需要说明的是，部分涉及票据业务的经济纠纷主要围绕相关业务合同展开，因而可能被纳入合同纠纷案件类型，而未被统计在表1的相关数据中。

与前两年的数据情况相比，票据追索权纠纷案件数量有较大幅度的上升，主要有以下几个方面原因。

一是经济形势压力与票据信用主体风险暴露。近两年国际经济贸易环境不佳，叠加疫情导致的国内实体经济承压，传导至票据业务主体，部分财务公司承兑人陷入信用危机，有的企业承兑人甚至直接破产倒闭，导致票据承兑人的信用风险持续暴露。

二是票据业务模式转轨与信息不对称。借助互联网信息技术大发展的"东风"，在人民银行的组织推动下，商业汇票业务快速实现了电子化和系统化，商业汇票由纸票业务为主向电票业务为主转变，但是新业务系统、新操作模式在用户端的信息充分普及尚需时日。转变带来的操作问题与争议纠纷不可避免。

三是票据业务主体自身的风险管理与内部控制有效性不足。从案例检索结果看，部分城商行和农商行作为案件当事人情况较多，这与此类中小机构自身的风险管理水平与内部控制有效性有一定关系。

四是票据业务法规制度供给不充分。理论上，只要法律规则能够做到基本明确清楚，当事人没有大的理解分歧，一般就没必要诉诸司法程序。然而，《票据法》对于票据无因性问题虽然有规定，却屡屡被业务实践和司法实践所打破，形成了具有国情特色的新问题。票据业务转变带来的提示付款、追索方式等问题也给票据当事人和商业银行造成一些困扰。

五是不法分子恶意欺诈，扰乱正常交易秩序。2016年之后，不法分子利用信息不对称和电票系统功能不完善，通过冒名开立账户、虚假记载票面信息、恶意骗取票据保证，甚至虚开电子银票等手段进行欺诈活动，扰乱正常交易秩序，制造了部分票据纠纷。

二、票据业务争议重点问题

结合近年来票据市场发展情况、监管部门以及司法部门对票据业务的关注领域，本文主要针对票据业务基础交易审查、票据融资业务项下对票据的审查、民间贴现行为效力、票据业务主体、电票票据权利的保全与追索等几个重点问题进行分析。

（一）票据业务基础交易审查问题

票据业务基础交易审查是金融机构面临的一个基础性问题，由于法律规定的原则性和业务实际的复杂性，这个问题难以有统一、明确的执行标准，并导致其屡屡成为监管关注和处罚的重点。

1. 票据无因性及其限制

票据业务基础交易审查问题的背后是票据无因性问题，即票据关系是否需要以真实交易关系为基础的问题。《票据法》没有明确票据行为无因性原则，但在第十条规定，票据的签发、取得和转让，应当遵循诚实信用的原则，具有真实的交易关系和债权债务关系。由于该条规定对票据背书转让行为效力的不同认识，给票据市场实践造成一定困扰，因此最高人民法院通过司法解释的方式间接地承认了票据行为无因性原则。

票据无因性是基于维护票据的流通性而发展起来的，它是票据作为交易支付手段的重要特点和优点之一。实践中，票据无因性都是相对的，立法上通过赋予相对人在一定条件下的抗辩权来重建票据关系及其原因行为之间的联系，对持票人的票据权利进行限制。例如，基于持票人取得票据所支付对价情况、持票人非法或重大过失取得票据、直接债权债务关系对方当事人违约等情形下票据债务人对持票人享有抗辩权，这些都可视为票据无因性的例外情形，也是民法基本原则的具体展现。

2. 票据业务基础交易审查

（1）承兑业务银行审查责任。

《票据法》规定商业汇票的签发应具有真实的交易关系和债权债务关系。2005年《中国人民银行关于完善票据业务制度有关问题的通知》进一步要求银行承兑汇票的承兑行负责对出票人的资格、资信、交易合同和汇票记载的内容等进行审查。2022年11月，人民银行、银保监会发布的《商业汇票承兑、贴现与再贴现管理办法》（以下简称票据新规）规定："银行、农村信用合作社、财务公司承兑人开展承兑业务时，应当严格审查出票人的真实交易关系和债权债务关系以及承兑风险，出票人应当具有良好资信。承兑的金额应当与真实交易关系和债权债务关系、承兑申请人的偿付能力相匹配。"因此，商业银行对于承兑环节出票人与收款人之间是否具有真实交易关系应当严格审查，通过实地走访、电话沟通、公开信息查询等有效手段核实票据基础交易的真实性及其与票据业务的一致性。

（2）贴现业务银行审查责任。

对于贴现业务中银行的审查责任，在票据新规发布后管理制度层面发生了变化。

曾经的《商业汇票承兑、贴现与再贴现管理暂行办法》规定："持票人申请贴现时，须提交贴现申请书，经其背书的未到期商业汇票，持票人与出票人或其前手之间的增值税发票和商品交易合同复印件。"2016年，《中国人民银行关于规范和促进电子商业汇票业务发展的通知》（银发〔2016〕224号）一度从"提高贸易背景真实性审查效率"的角度出发，提出"企业申请电票贴现的，无需向金融机构提供合同、发票等资料"。人民银行《票据交易管理办法》规定："贴现人办理纸质票据贴现时……贴现申请人无需提供合同、发票等资料。"

司法实践中，即便票据关系不具有真实交易关系基础，法院一般也会认为票据法律关系与基础交易法律关系相互独立，票据持有人支付对价且背书连续，即可享有票据权利，可以请求付款人按期付款。

（3）转贴现业务银行审查责任。

《票据法》施行后，2005年，《中国人民银行关于完善票据业务制度有关问题的通知》规定贴现银行向其他银行转贴现时，可不再提供贴现申请人与其直接前手之间的交易合同、增值税发票或普通发票，降低了转贴现业务的办理标准。2016年，《票据交易管理办法》进一步规定转贴现交易"无需转贴现凭证、贴现凭证复印件、查询查复书及票面复印件等纸质资料"。在票交所时代，转贴现业务趋于电子化和标准化，转贴现行的民事责任也就表现为简单的票据责任。

根据《票据交易主协议》和《上海票据交易所票据交易规则》，转贴现行在票交所的规则下免除了被持票人追偿的负担。从法理上分析，《票据法》关于追索权的规定属于授权性条款，根据意思自治原则可由当事人选择适用或排除。合同约定是当事人之间的最高法律。只要不违背法律禁止性规定，合同当事人将丧失合同中自由放弃的权利。因此，如果贴现后的背书人也是票交所会员，持票人将不得向其主张追索权利。金融机构之间通过补充协议特别约定追索贴现后的背书人是否可行呢？《票据交易主协议》禁止成员单位通过约定排除主协议关于贴现后的背书人豁免被追索责任的要求，因此上述补充协议不仅违反主协议，而且是否具有法律效力还有待司法实践的检验。

3.基础交易审查与票据业务合法合规性

（1）基础交易审查与票据业务合法性。

在票据纠纷中，出票人和承兑人对持票人常见的抗辩以《票据法》第十条为依据，要求法院在基础交易关系未成立、未生效、未履行甚至发生合同解释争议的情况下，判令驳回持票人的付款请求权和追索权。作为前手的债务人，也经常以持票人与其前手之间基础法律关系不合法为由进行抗辩。为了应对《票据法》关于票据基础交易的要求带来的票据行为合法性问题，《最高人民法院关于审理票据纠纷案件若干问题的规定》第十四条专门规定，"票据债务人以票据法第十条、第二十一条的规定为由，对业经背书转让票据的持票人进行抗辩的，人民法院不予支持"。从而，通过司法解释把票据行为的合法性问题与票据基础交易的真实性问题进行适度分离，间接维护了我国票据行为的无因性原则。

当然，《最高人民法院关于审理票据纠纷案件若干问题的规定》第十四条是以《票据法》第十条、第二十一条为依据，对业经背书转让票据的持票人进行抗辩的，人民法院不予支持。并非表明人民法院无权或不应对"持票人与其前手之间基础法律关系合法性"进行审查。持票人与其前手之间基础法律关系合法性的问题，有时对于票据纠纷案件的审理具有重要影响。

（2）基础交易审查与票据业务合规性。

前已述及，《票据法》等法律法规对票据基础交易的真实性提出了要求。票据业务的主管和监管部门也对基础交易真实性问题反复强调。2001年，《人民银行关于切实加强商业汇票承兑贴现和再贴现业务管理的通知》明确办理承兑业务时，必须审查承兑申请人与票据收款人是否具有真实的贸易关系，贴现业务应审查增值税发票、贸易合同复印件等足以证明该票据具有真实贸易背景的书面材料。2005年，《中国人民银行关于完善票据业务制度有关问题的通知》规定，出票人（持票人）向银行申请办理承兑或贴现时，承兑行和贴现行应按照支付结算制度的相关规定，对商业汇票的真实交易关系和债权债务关系进行审核。银行承兑汇票的承兑行负责对出票人的资格、资信、交易合同和汇票记载的内容等进行审查。商业汇票的持票人向银行申请贴现时，贴现申请人应向银行提供交易合同原件、贴现申请人与其直接前手之间根据税收制度有关规定开具的增值税发票或普通发票。

（二）票据融资业务项下对票据的审查问题

2016年以来电票业务持续增长，目前成为票据市场绝对主流，在此情况下，票据融资业务是否需要审查电子商业汇票其实是存在争议的。

1. 电子商业汇票是否需要审查

在纸票时代，对于票据的审查是一项基础而重要的工作，因为票据的真实性、背书的连续性和规范性直接关系到业务的安全。2005年，《中国人民银行关于完善票据业务制度有关问题的通知》规定，贴现银行向其他银行转贴现或向人民银行申请再贴现时，不再提供贴现申请人与其直接前手之间的交易合同、增值税发票或普通发票，但需对票据的要式性和文义性是否符合有关法律、法规和规章制度的规定承担审核责任。2009年，人民银行推出电子商业汇票后，虽然初衷是防范假票和案件风险，但是从制度层面，人民银行或其他监管部门并没有明确说明贴现或转贴现买入票据无须审查票据。其实，电子化的业务系统不可避免地存在疏漏和操作风险，一是系统参与者存在被虚假冒名的可能，二是票面和背书记载的内容也容易出错或不符合管理要求。

2. 电子商业汇票如何进行审查

对于电子商业汇票的审查，出票人名称、收款人名称、承兑人名称、出票日期、最高限额、付款期限、是否可转让等可以通过系统实现某种程度的刚性控制。但是，这些要素之间的逻辑合理性需要结合贴现业务客户具体情况进行判断，否则既难以应对内外部检查，也难以让法官在相关诉讼案件中确信经办银行真正尽到了合理的注意义务，导致银行承担更大的责任。

电子商业汇票审查的另一个要点是票据的票面记载和背书流转情况。电子票据的出票和流转基本由客户自行通过系统操作，但不等于开户银行就彻底置身事外。实际上，经由开户行作出的电票系统操作，如果电票的票面内容记载了错误的信息并导致基础交易相关当事方陷入误解和承担经济损失，则开户行可能因此承担侵权损害赔偿责任。对于背书流转，《票据法》第六十九条规定，"持票人为出票人的，对其前手无追索权。持票人为背书人的，对其后手无追索权"，这实际上是认可回头背书。但是票据背书回转至出票人可能被认为存在利用汇票套取银行资金的企图，既不利于银行资金安全，又存在很大的合规检查风险，对于涉及此类票据的业务则应审慎处理，可借助信息技术手段加强系统校验控制，从源头上防控风险。

3. 电子伪假票的处理

随着人民银行电票系统的推出和广泛应用，传统纸票业务中经常出现的票据伪假风险、清单交易和"一票二卖"的操作风险大幅减少。但是，近年来票据市场陆续发现电子商业承兑汇票故意错误记载承兑人为银行或知名企业等重要票面信息的事件。电子商票虚假记载承兑信息的原因主要在于部分商业银行的电票业务系统设计存在一定缺陷。不法分子利用系统缺陷恶意输入虚假信息，开出承兑人信息包含银行字样的电子商业承兑汇票。部分中小企业使用和接受电子商票频率不高，无法准确辨别电子票据品种，给不法分子留下可乘之机。在外部风险形势压力下，很多商业银行及时加强了本行网银相关系统对客户签发和承兑票据信息的校验功能，用于防范企业信息不真实、系统校验不完整导致的系统性操作风险。

票据融资环节也应强化对电子票据的票面要素审核，避免输入源自结算环节的瑕疵票据风险。商业银行办理电票贴现和转贴现买入业务时，应对系统中显示的承兑人名称、行号和票据类别等票据基本信息严格进行逻辑性审查，对票面要素的完整性、合理性和客户信息的真实性、准确性进行核查确认，避免买入票面信息中商票误为银票等存在重大逻辑错误的电子商业汇票。

（三）民间贴现行为的效力问题

2019年11月，最高人民法院针对第九次全国法院民商事审判工作会议正式印发了《全国法院民商事审判工作会议纪要》（法〔2019〕254号，以下简称《九民纪要》）。在《九民纪要》颁布前后，人们对于民间贴现行为合法性问题的认识实际经历了一个较大的转变。

1.制度规定

在《九民纪要》颁布之前，票据市场和司法机关对民间贴现的理解存在很大分歧。民间贴现可以被理解为合法持票人与不具有法定贴现资质的主体之间的类贴现行为，也可以被理解为以票据权利担保为基础的民间资金融通，还可以被理解为单纯的票据背书流转。从民事基本法律制度理解，《民法典》合同编专门规定了借款合同，也认可自然人之间的借款合同，并无法律绝对禁止民间借贷；从《票据法》及其司法解释理解，票据无因性原则也基本成为司法部门共识，票据背书流转的原因行为存在与否及其效力不能影响合法票据行为的效力。最高人民法院在《九民纪要》第一百零一条明确规定："票据贴现属于国家特许经营业务，合法持票人向不具有法定贴现资质的当事人进行'贴现'的，该行为应当认定无效，贴现款和票据应当相互返还"，为司法部门的理解分歧画上句号。

2. 法理分析

民间贴现行为的合法性问题，背后是对票据无因性原则的认识与选择的问题。实际上，《九民纪要》的规定带有很强的"司法政策"色彩，既直接规定了民间贴现行为无效，又重申"票据行为无因性原理"，认可民间贴现之后的正常背书流转行为的效力，以及最后合法持票人的票据权利。《九民纪要》规定民间贴现行为无效，可能一方面是为了回应金融行业管理部门对于贴现业务特许经营的要求，另一方面可能是因为近年来一些票据中介制造了很多票据违法案件，给正常金融秩序和国家金融稳定带来一定压力。

根据《九民纪要》的规定，商业银行票据业务如果牵涉民间贴现，票据的追索链条将因为民间贴现行为的无效而发生中断，银行票据资产将可能形成较大的安全隐患。作为例外，《九民纪要》中规定民间贴现的"贴现"人给付贴现款后直接将票据交付其后手，其后手支付对价并记载自己为被背书人后，又基于真实的交易关系和债权债务关系将票据进行背书转让的情形下，可认定最后持票人为合法持票人。因此，商业银行一旦放松了对票据贴现业务的真实贸易背景审查，就可能因贴现申请人为非法持票人，而面临丧失贴现票据权利的潜在风险。

（四）票据业务主体问题

票据业务的主体问题是票据业务的基础性问题。2016年票交所成立后进行了较多的业务创新，2022年人民银行、银保监会发布票据新规，票据业务主体相应发生了一定变化。

1. 自然人纳入贴现业务主体的理解

2022年末颁布的票据新规把贴现申请人的范围扩容到自然人。在《民法典》框架下，自然人包括了一般意义上的自然人，以及个体工商户和农村承包经营户。从人民银行该部规章征求意见情况来看，当初部分机构的呼声是将个体工商户纳入贴现业务申办主体，但最终出台的管理办法所明确的概念呈现为自然人。从文义理解，自然人就不仅限于个体工商户，还包括农村承包经营户以及一般自然人。这一方面兼顾了部分金融机构已经为个体工商户开立了票据业务账户，这些个体工商户实际上可以通过系统持有和使用票据的实际情况；另一方面也给票据市场留下了更大的想象空间，如农村承包经营户甚至自然人都可以持有票据、使用票据，从而把票据市场引向一片广衷的蓝海。

当然，法规制度的理解可以由主管部门结合实际作出有权解释。从票据市场的发展现状来看，特别是电票业务制度、系统、规则本身都尚处在大幅度的优化调整的情况下，以及农村承包经营户、一般自然人的票据法律和票据业务知识还远未普及的情况下，其实并不适宜将票据业务主体一步到位扩展到民法意义上的所有自然人，而应从初具商业知识经验的个体工商户做起，做好宣传引导，逐步培育客户和市场。

2.标准化票据产品业务主体的理解

根据人民银行《票据交易管理办法》，票据市场参与者分为法人类参与者和非法人类参与者。其中，非法人类参与者指金融机构等作为资产管理人，在依法合规的前提下，接受客户的委托或者授权，按照与客户约定的投资计划和方式开展资产管理业务所设立的各类投资产品，包括证券投资基金、资产管理计划、银行理财产品、信托计划、保险产品、住房公积金、社会保障基金、企业年金、养老基金等。实践中，票交所推出的标准化票据产品，实际属于《票据交易管理办法》规定的投资产品。

按照法律法规及票交所相关业务制度规定，标准化票据产品不属于法律意义上的票据行为主体，但是可以在电子商业汇票系统接入机构开立用于办理电子商业汇票业务的账户，以产品参与者身份接入中国票据交易系统，以自身名义参与背书流转。该种业务创新其实超出了《票据法》背书制度的范围，因为《票据法》并未明确信托计划、理财产品、标准化票据产品等并非自然人、法人以及民法意义上非法人组织的特殊情形是否可以参与票据活动。如果标准化票据产品相关底层票据涉及风险，其参与的背书环节效力如何认定，是否影响背书连续性等都存在很大的不确定性，目前未见相关司法判例。

3.主体与账户问题

在票交所的电票业务系统中，票据业务参与者是以相应主体的账户为载体的。业务主体要参与票据业务系统中进行票据交易，需要拥有符合基本要求的人民币结算账户，而且用于办理票据业务的账户还需满足票交所的管理要求。票据新规允许个体工商户参与票据业务，前提和基础工作是商业银行账户管理部门能够为个体工商户开立符合票交所系统要求的对公账户，用于办理电子票据业务，这就涉及票据新规与账户管理规章制度的衔接与协调问题。因此，个体工商户实际参与票据业务有待各家商业银行解决票据业务账户开户问题，而不会一蹴而就。

对于票据业务主体身份的识别，在很大程度上需要依靠对其账户真实性的识别。如果不法分子冒名开立其他金融机构或央企、国企的账户，在电票业务系统中，交易对手很难识别这种"真的假账户"，基于该账户的票据业务操作在系统中也将"畅行无阻"，只有当被冒名机构和企业发布声明，或者票据到期被拒付时骗局才会被曝光。从防范实质风险方面考虑，无论是商业银行还是普通企业，都应当加强客户准入或交易对手的管理，对于准入客户应当强化审慎合规尽职调查，确保其提供账户的真实性，账户发生变更时保持必要的警惕，进行必要的沟通联系与核实，避免审核不到位导致纠纷和损失。

（五）电票票据权利的保全与追索问题

2009年，人民银行颁布《电子商业汇票业务管理办法》并推出电子商业汇票之后，电票业务逐步形成了一些不同于以往纸票时代业务操作的做法，其中包括电票票据权利的保全与追索问题。这些问题在《票据法》中也没有明确答案，实践中产生了一定争议与纠纷。

1. 对《电子商业汇票业务管理办法》第五条的理解

《电子商业汇票业务管理办法》第五条规定："电子商业汇票的出票、承兑、背书、保证、提示付款和追索等业务，必须通过电子商业汇票系统办理。"此条规定中关于追索方式的要求在票据追索权纠纷中产生了较大争议。部分法院认为，《电子商业汇票业务管理办法》规定票据追索等业务必须通过电子商业汇票系统办理，属于对票据追索行为的管理性规定，并不属于对持票人行使票据追索权的限制性规定，甚至认为，《电子商业汇票业务管理办法》对于电子商业汇票的出票、承兑、背书、保证、付款、追索等业务，必须通过电子商业汇票系统（ECDS）办理的限定条件增加了持票人的法定义务，限制了上位法给予持票人的权利。

也有法院认为，电子商业汇票的线下追索因不具备有效签章，不符合《电子商业汇票业务管理办法》第五条、第十四条关于电子商业汇票签章和追索等票据行为要式性的要求而被认定为无效。如果在电子商业汇票系统之外以司法判决的形式另行确立、确认其他票据状态，导致法院判决认定的票据状态与电子商业汇票系统中登记的票据状态不一致，将会造成该票据脱离中国人民银行及其他金融监管机构对电票领域的监管，加大电票参与者的经营风险，冲击甚至破坏已经建立的电子商业汇票规则和市场秩序，威胁票据金融市场安全等不良后果。金融机构不仅是电子商业汇票系统的接入机构，还为其他电子商业汇票参与者提供服务，也与票交所签署了会员服务协议，对必须通过电子商业汇票系统办理追索业务这一规定是明知的，应当对《电子商业汇票业务管理办法》负有更高的注意义务和严格遵守的示范义务。

鉴于我国并非判例法国家，在法律法规没有明确规定的情况下，对于特定法律问题的理解，各地法院均可保持相对独立性，作出裁量判断。为了有效规避票据追索形式带来的潜在争议和风险，商业银行应当尽可能按照《电子商业汇票业务管理办法》第五条的要求通过电子商业汇票系统办理追索业务。

2. 线下追索与线上追索的统一

《票据交易管理办法》第三十条规定："电子商业汇票签发、承兑、质押、保证、贴现等信息应当通过电子商业汇票系统同步传送至票据市场基础设施。"对于票据追索，一是原则上应当按照《电子商业汇票业务管理办法》总则要求，由持票人通过电票业务系统进行线上追索，但从保护持票人票据权利的角度出发，在《票据法》没有明确规定的情况下，应当承认诉讼追索行为的票据追索效力；二是票据市场基础设施应当持续推进电子商业汇票业务系统的功能优化，让票据业务系统中的追索操作更加人性化和智能化，从源头避免票据当事人因为追索形式产生争议纠纷。只要电票系统操作足够便利，持票人自然会倾向于通过电子商业汇票系统进行票据追索。承认诉讼追索行为的票据追索效力，也并不一定就会影响票据市场秩序和电票系统的权威性，反而会因其便利性扩大电子汇票的接受度，有利于票据市场的长远发展。

在认可线下追索与线上追索两种方式合法性的同时，票据市场基础设施可以关注线下追索与线上追索两种方式的信息统一问题。例如，可以通过票据交易具体规则的补充，要求通过诉讼方式进行票据追索的，持票人应当及时将追索信息录入电票业务系统，付款人或其他被追索义务人有权凭生效司法文书直接要求票据市场基础设施更新票据信息。从而既尊重了持票人的票据权利和选择权，又实现了票据线下追索与线上追索的统一。

3. 提示付款

电票业务下，根据《电子商业汇票业务管理办法》，提示付款分为两类，一类是提示付款期内提示付款（以下简称期内提示付款），另一类是票据到期日前提示付款（以下简称期前提示付款）。二者对于承兑人的效力并不一样。期前提示付款，承兑人于提示付款期前拒付的，票据状态将变更为"提示付款已拒付（不可拒付追索）"，此时持票人不能再转让票据也不能拒付追索；承兑人于提示付款期内拒付的，票据状态将变更为"提示付款已拒付（可拒付追索，可以追索所有人）"，此时持票人可追索所有票据债务人。对于承兑人不作应答的情况，部分企业可能会放松警惕，误以为只要做过提示付款就保全了对票据债务人的全部追索权利，而忽略了前述管理办法要求"承兑人可付款或拒绝付款，或于到期日付款。承兑人拒绝付款或未予应答的，持票人可待票据到期后再次提示付款"。从而导致丧失对出票人、承兑人之外前手的追索权利。

持票人要把握期前提示付款只是给票据权利的行使多了一个选择，但并不产生《票据法》上提示付款的效力。如果承兑人没有在电票系统中予以回应，为了避免追索前手持票人可能遇到的障碍，持票人应当在期内首先撤销期前提示付款，然后重新发起一个正常的期内提示付款，以充分保全持票人的票据权利。如果不撤销期前提示付款，系统中这个提示付款就会始终存在，但是这样的提示付款起不到保全全部票据追索权利的法律效果。期内提示付款应当注意提示付款期的计算方式：自票据到期日起10日，最后一日遇法定休假日、大额支付系统非营业日、电子商业汇票系统非营业日顺延。

2020年10月23日，票交所发布了《关于规范电子银行承兑汇票提示付款应答的通知》，从市场统一规则层面对电子银行承兑汇票提示付款应答机制进行了新设计，对于2021年1月11日及之后的电子银行承兑汇票，区别期前提示付款和期内期后提示付款，制定了系统自动拒付处理并调整票据状态的具体规则（承兑人收到提示付款请求次日起第3日无应答则自动变更为拒付状态），弥补了电票拒付应答机制的不足，从根本上避免了无理拒签提示付款申请给持票人带来的困扰和损害。

4.票据利益返还请求权的实现

实践中，部分银行承兑汇票到期后，由于持票人内部管理疏漏和工作人员遗忘等问题，没能在法律规定的期间内提示付款，或者没能在汇票到期后及时行使追索权。一般认为，票据权利包括付款请求权和追索权。根据《电子商业汇票业务管理办法》的规定，持票人对出票人、承兑人追索和再追索权利时效为自票据到期日起2年，且不短于持票人对其他前手的追索和再追索权利时效。持票人对其他前手的追索权利时效为自被拒绝付款之日起6个月；持票人对其他前手的再追索权利时效为自清偿日或被提起诉讼之日起3个月。根据《票据法》的规定，票据权利在法定期限内不行使的则归于消灭，因此我国的票据时效属于消灭时效。持票人没有在法定期间内行使付款请求权的，付款请求权消灭；没有在法定期间内行使追索权的，追索权消灭。当然，票据权利因超过票据权利时效而消灭后，权利人可以依法行使票据利益返还请求权，请求出票人或承兑人返还其尚未支付的与票据金额相当的利益。

票据利益返还请求权是《票据法》第十八条赋予持票人的权利，法律性质上属于"票据法上的权利"而非"票据权利"或"民事权利"。该项权利具有利益平衡性质，旨在避免出票人或承兑人无代价受益，弥补持票人的损失，在课以持票人较重的程序性责任的同时最大限度地保护其利益。对于该权利的行使、转让和消灭，《票据法》中有相关规定的，适用《票据法》的规定；《票据法》中没有相关规定的，可以比照一般民事权利适用民法上的规定。票据利益返还请求权的时效在《票据法》上并未规定，司法实践中一般认为应当适用民法上的普通债权的诉讼时效期间（目前按照《民法典》为3年），起算点为票据权利时效届满的次日而非承兑人拒付日期。除非存在符合诉讼时效中止、中断、重新计算等相关规定情形，否则超过时效期间的，法律将不再保护。

票据利益返还请求权是《票据法》给予持票人的最终救济权利。对持票人而言，应当建立起票据权利行使的有效机制，及时提示付款，及时行使追索权利，及时提起诉讼或通过催收保全票据资产，避免走到行使票据利益返还请求权的阶段。对于商业银行而言，在票据利益返还请求权相关诉讼中则要辨明对方各项证据，合理保护自身的程序利益。

票据贴现后
资金流向跟踪监测

■ 万旭敏　章慧俊 [1]

案例简介：按照党中央关于金融工作三大任务的决策部署，聚焦防范化解重大金融风险的具体要求，围绕加强票据融资业务合规风险管理，提升经营机构对贴现后资金流向风险监测及防控的能力和效率，工商银行开展调研分析并研发实施了票据贴现后资金流向跟踪创新项目，旨在利用工商银行企业级金融知识图谱和大数据技术，探索出一套适用于工商银行票据融资业务的资金流向跟踪监测体系，实现贴现后资金流水异常情况的自动化监测和逐笔跟踪查询。

一、背景及意义

针对票据贴现后资金流向监测的业务痛点、难点，工商银行深入研究并积极探索，一方面，深入基层开展专题调研，深入了解客户经理日常监测的操作现状和功能诉求；另一方面，行内专业部门与科技部门就知识图谱、人工智能、大数据模型等新兴技术研究成果和应用情况开展多次专题交流，明确创新项目的必要性和可行性。

---

[1] 作者简介：万旭敏、章慧俊，现就职于工商银行票据营业部。

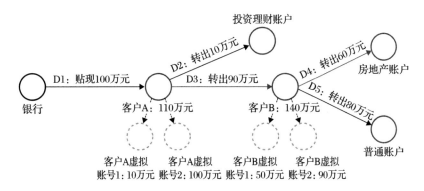

图1 贴现后资金流向示意

（一）有效落实监管要求，强化风险监测

近期，票据市场监管力度进一步加强，对于票据贴现后资金使用合规管理的要求也在逐步升级，但由于账户资金流水数量大、关联关系多、流向分支复杂，如何实现精准高效的资金流向定位和跟踪一直是行业难题。目前，对于客户贴现资金的使用监测，银行客户经理主要依赖客户提供资金流水明细，若客户不愿配合，一般只能通过柜面渠道逐笔打印资金流水，涉及跨部门沟通协调、跨系统登录操作，十分烦琐，可操作性差。通过本项目研发，新建客户贴现资金流水自动匹配查询功能，支持客户经理随时跟踪，有效提升风险监测能力和效率。

（二）优化手工操作流程，驱动业务发展

对于票据贴现后资金流向跟踪，目前客户经理主要采用逐客户查询、逐笔明细分析、专家经验判断的人工操作模式，由于资金使用有一定周期，一笔贴现业务需多次监测，效率较低，随着票据贴现业务量逐年增长，纯人工方式无法支撑全覆盖的监测。通过本项目研发，引入科技化、自动化思路，利用大数据模型定期后台运行、自动扫描分析，监测过程无须人工干预，即可覆盖全量交易，减轻了日常监测的工作量，提升客户经理及一线机构办理票据贴现业务的操作体验，提高投入产出比，在推动业务高质量发展的同时，提升全行办理票据贴现的积极性。

（三）推动科技成果转化，节约开发成本

近年来，随着金融科技力量的不断强大，知识图谱、大数据模型、人工智能等新兴技术在工商银行及同业均已有较为成熟的研究成果，并在信贷业务合规管理领域有着广泛应用，如工商银行针对线上业务研发的基于知识图谱技术的资金流向监测模型，支持每日运行，监测有效率达到80%以上。本项目充分借鉴行内传统线下信贷业务条线、新型线上小微业务条线在资金用途管理方面的监测经验，并结合票据条线特点，将现有模型经部分改造后即可直接引入使用，有效节约开发成本，加快科技成果应用。

二、业务流程

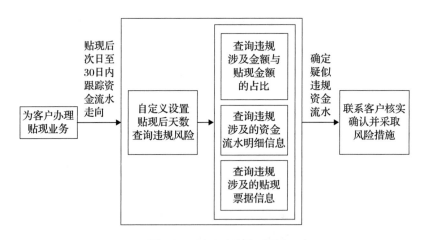

图2　票据贴现后资金流水监测跟踪示意

经营机构为客户办理贴现业务后，次日即可开始在系统中逐日跟踪资金流水走向，只需进入贴现后资金流水异常情况查询菜单，在首页面设置客户号、贴现行、贴现日期、贴现后天数等业务要素即可触发查询，且查询数据严格执行权限隔离，仅展示本机构及下级机构内贴现业务，避免客户信息外泄。

系统展示票据贴现后资金流水违规的详细信息，且支持将查询结果信息进行导出，导出文件格式有多种选择，满足不同应用场景。展示信息主要包括以下内容：（1）当前监测违规所涉及流入金额，与贴现总金额的占比情况，可辅助判断分析流水违规程度；（2）当前监测违规所涉及异常资金流水的详细情况，包括流入时间、流入账户、流入金额等主要信息，作为客户违规操作的主要依据；（3）当前监测违规所涉及的贴现票据详细信息，包括票据号、出票人、承兑行、票面金额和贴现利率等，精准匹配具体的贴现交易，辅助客户经理开展后续的风险措施。

经营机构根据从系统中查询获得的监测信息，进行判断筛查后，线下联系客户进一步核实确认，并采取相应的风险措施。

三、创新特点

基于企业级金融知识图谱和大数据技术在金融领域的研究应用及成果，研发票据贴现后资金流向跟踪监测模块功能，可自动分析并提示贴现资金的违规使用，同时提供相关资金流水明细，以创新技术和功能运用，辅助开展日常合规风险管理，促进全行票据融资业务高质量健康发展。

（一）全覆盖每笔交易

通过大数据批量运行计算和智能化监测模型的应用，实现对工商银行票据贴现业务多环节、多链路的全面自动筛查，且能覆盖每户客户及每笔贴现交易，及时发现客户可疑行为并进行重点提示，覆盖监管要求的贴现资金回流出票人、回流直接前手、流入股市、流入楼市等违规领域。

（二）一站式在线操作

为客户经理提供一站式在线分析服务，无须登录多个系统，功能界面中不仅包含异常流水所关联票据及资金信息，还支持指定时间段内资金流入流出的逐笔明细查询，尽可能多地提供有效信息，帮助准确排查确认，避免误判误伤。

（三）可视化定制分析

本项目引入即时BI平台的应用，基于该平台强大的数据查询及分析能力，可实现监测结果数据的可视化展现，并支持个性化定制，满足系统前台查询条件和筛选逻辑的实时调整，以及结果数据的进一步分析，缩短研发周期，加快投产时效，快速响应需求，提升客户经理使用体验。

四、应用效果

目前，本项目已完成功能研发并实现投产，经过四批机构的试点上线、反馈意见收集及几轮的迭代优化，现已在全行范围内全面推广，运行期间系统运行稳定，用户反馈良好，有效提升了贴现后资金流水监测的时效性和精准度。

在监测时效性提升方面，相比系统投产前的线下调取流水，本项目贴现次日起系统即启动运行监测，支持自定义监测时长，每日自动更新监测结果，也可回溯任一天的流水情况；在监测精准度提升方面，相比系统投产前的人工判断，本项目通过系统内的业务自定义参数设置，可自动精准匹配违规流水，不遗漏每一笔可疑交易，让违规操作无处可藏。根据估算，按照全行近万名客户经理来计算，假设每人每周投入1人日的贴现后合规跟踪监测，每年至少能够节省30多万人日的工作量。

下一步，工商银行将围绕监管要求和一线需求，继续做好监测模型的优化迭代，持续提高风险筛查的有效性，强化票据条线合规风控能力，在提升服务实体经济效能、深化票据金融创新改革的同时，严防潜在金融风险，牢牢守住资金安全的底线。

【组稿启事】

　　《票据研究》是由中国现代金融学会票据专业委员会、中国工商银行票据营业部和中国银行业协会票据专业委员会主办的出版物，常设特稿、市场分析、前沿研究、工作探讨、法律探微、票据实务、市场动态等栏目，是深入了解中国票据市场现状、发展态势的一个重要平台。欢迎业界专家、教育科研机构学者建言献策、踊跃投稿，共同交流工作经验与研究成果。《票据研究》每季度出版，全年共四辑，由中国金融出版社出版。

投稿电话：021–68087503

投稿邮箱：icbcbill@163.com

订购电话：010–63422154，010–63869310

订购二维码：